SOUS LA MOUSTACHE, LE RIRE

du même auteur :

Loïc Rochard, *Brassens par Brassens*. Prologue de René Fallet. Collection « Autoportraits imprévus » dirigée par Jean-Paul Liégeois, le cherche midi, 2005

Loïc Rochard, *Les mots de Brassens*. Collection « Brassens d'abord » dirigée par Jean-Paul Liégeois, le cherche midi, 2009

Loïc Rochard, *Brassens, sans technique un don n'est rien*, chez l'auteur, 2010

Brassens au cherche midi :

Georges Brassens, *Œuvres complètes*. Prologue de Jacques Prévert. Collection « Voix publiques » dirigée par Jean-Paul Liégeois, 2007

Georges Brassens, *Les chemins qui ne mènent pas à Rome*. Collection « Brassens d'abord » dirigée par Jean-Paul Liégeois, 2008

Georges Brassens, *Journal et autres carnets inédits*. Préface de Francis Cabrel. Collection « Brassens d'abord » dirigée par Jean-Paul Liégeois, 2014

Georges Brassens, *Premières chansons (1942-1949)*. Prologue de Gabriel Garcia Marquez. Collection « Brassens d'abord » dirigée par Jean-Paul Liégeois, 2016

Georges Brassens, *Je suis une espèce de libertaire*. Collection « Brassens d'abord » dirigée par Jean-Paul Liégeois, 2019

Jacques Vassal, *Brassens, homme libre*. Collection « Brassens d'abord » dirigée par Jean-Paul Liégeois, 2011

Loïc Rochard

SOUS LA MOUSTACHE, LE RIRE

L'humour de Georges Brassens

COLLECTION
BRASSENS D'ABORD

cherche
midi

Vous pouvez consulter le catalogue général du cherche midi
et l'annonce de ses prochaines parutions sur son site internet :
www.cherche-midi.com

Édition établie par Jean-Paul Liégeois.

30, place d'Italie
75013 Paris

Mise en pages par Soft Office
Dépôt légal : novembre 2020
IBSN : 978-2-7491-6435-9

Aux miens.

À la mer toujours recommencée.

À Serge Cazzani pour sa confiance renouvelée.

À Jean-Paul Liégeois pour son soutien éclairé.

Et, bien sûr, à Georges Brassens pour son humour,
son ironie et tout le reste.

Je suis un étudiant vieilli, un vieux farceur.

Georges Brassens

Et puis il faut, vois-tu, c'est une loi pour tous,
Dans ce monde rempli de sombres aventures,
Donner parfois un peu de joie aux créatures.

Victor Hugo
(*Ruy Blas* – Acte IV. Scène III)

Ce pessimiste n'est pas un désenchanté. Ce garçon qui ressent à l'extrême la mort des gens qu'il aime et même la ressasse, qui se reconnaît parfois «parfaitement désespéré» est, comme par hasard et selon tous ses familiers, le type le plus drôle qui se puisse trouver.

René Fallet

On fait toujours de l'humour à cause de notre tristesse. L'homme est le seul animal qui rit. Il est aussi le seul qui sait qu'il doit mourir. Puisqu'on le sait, on sourit, pour ne pas passer sa vie à pleurer.

Umberto Eco

Et cette tendre ironie
dont il voilait les mots les plus graves…

Paul Misraki

AVANT-PROPOS

Brassens ou l'humour en contrebande

« J'ai tendance à râler, à rouspéter… et puis je transforme cela en gaîté, en ironie, en humour. […] Mes chansons font partie d'une espèce de monde factice que j'ai dans le crâne depuis l'adolescence. Comme rien ne me plaisait, je me suis fait un guignol à moi. […] Si on trouve dans mes chansons l'ironie, la cocasserie, la dérision de soi-même, c'est pour atténuer un peu la rigueur d'une philosophie que d'aucuns trouvent certainement un peu sommaire, mais qui n'en est pas moins impitoyable pour notre temps. » Comment mieux résumer ce qui a suscité l'écriture de ce livre ? Toujours aussi sensible à la finesse de son esprit et à la drôlerie de bien des vers de Georges Brassens, j'ai souhaité porter un regard approfondi sur l'homme, ses premiers écrits et une partie de son répertoire sous le seul angle de l'humour.

Après des décennies d'écoute et de réécoute, bien des chansons de Brassens conservent toute leur puissance humoristique. Ce trait si caractéristique de son œuvre n'a jusqu'à présent pas fait l'objet d'une attention particulière, en dépit des quelques centaines d'ouvrages qui ont été consacrés à ce géant de la chanson. Pourtant personne, je crois, ne lui contestera cette composante indissociable de ce répertoire si riche et si varié. De multiples façons et à des degrés divers, l'humour est présent en filigrane dans une bonne moitié de son répertoire.

Entendant ses traits d'esprit, ses saillies désopilantes, je me souviens de l'hilarité unanime de son auditoire, aussitôt et spontanément interrompue pour ne pas manquer un mot de la chanson en cours d'interprétation. À l'énoncé d'un vers ou d'un couplet particulièrement drôle, il était réjouissant de voir Brassens retenir un sourire ou, mieux encore, ne refréner qu'avec peine un fou rire. Pour retrouver sa concentration, il fixait sa main gauche, celle des accords de guitare, ou bien fronçait le sourcil, amplifiant ainsi l'intensité de son regard, ou bien encore se retournait prestement vers Pierre Nicolas, son contrebassiste. Entre Brassens et son public, la connivence était alors manifeste.

Cette complicité cependant ne s'était construite que pas à pas. À ses débuts, sa parole divergente, son humour inattendu, son franc-parler choquèrent bien des gens. Certains bien-pensants s'étaient sentis agressés. Ceux-là mêmes qui ne se privaient pas de proférer des gros mots en privé s'offusquaient de les voir employés sur une scène de music-hall. Les bonnes âmes le rejetaient pour, quelques années plus tard, ne voir en lui qu'un patriarche empreint de sagesse et d'humanité. Comme toujours, et pour autant qu'on puisse l'approcher, la vérité est plus complexe.

Il n'était certes pas le gugusse de service qui vient faire son petit numéro et repart quand les rires gras se sont éteints. Brassens fut novateur tant dans la forme que dans le fond. La tendresse de sa poésie côtoyait le cocasse ou la grivoiserie. Car il y avait une dualité chez lui. Sa connaissance approfondie des auteurs classiques, des moralistes, des penseurs, des poètes, ne l'avait pas empêché de conserver le goût des chansons de salle de garde. Aux accents de gravité se mêlait un sens de l'humour très développé. Il s'accommodait fort bien de la solitude, nécessaire à tout créateur, tout en entretenant le culte de l'amitié. Il pouvait fréquenter des personnalités reconnues sans abandonner pour autant ses amis d'enfance. Il gagnait très largement sa vie tout en pouvant se contenter du strict minimum. Il ne supportait pas l'autorité et les institutions qui la détenaient, tout en respectant les individus qui en faisaient partie. Si, au travers de plusieurs chansons, il a déifié « la Femme », il a pu tout aussi bien vilipender certaines en particulier. Et l'on pourrait continuer longtemps ainsi.

Novateur, il le fut aussi pour plaisanter de la mort sur scène, pour mettre en musique plusieurs poètes, pour traiter en chanson des sujets jusque-là ignorés de ses confrères, pour créer avec le même talent des chansons d'une tendre humanité et d'autres d'un burlesque déluré. Petit à petit, la confiance s'était installée. Considéré un temps comme suspect, il mit assez tôt les rieurs de son côté. Puis, sensible à sa poésie, un public plus large s'enthousiasma pour ce vent de liberté, de truculence et de révolte qui s'était levé.

Fort d'une culture littéraire et poétique aussi étendue qu'éclectique, Georges Brassens, dans une totale liberté de création, a développé cette forme originale d'écriture, ce style inimitable. Les références populaires, ciment d'une culture partagée, n'avaient rien que de très naturel chez lui. Il utilisait un matériau accessible à tous : vers célèbres, proverbes, expressions, qu'il triturait allègrement pour les faire se fondre dans ses vers. Ce crédit qui lui était désormais accordé l'autorisait à l'emploi fréquent de vocables inusités ou surannés, d'archaïsmes, de références mythologiques. Cela répondait à sa volonté d'élever le niveau d'écriture qui avait prévalu jusque-là dans la chanson. En outre, utiliser un vocabulaire recherché pour dépeindre une situation cocasse ou railler un personnage ajoutait à l'ironie, à la gaîté du ton.

Son exigence d'indépendance et sa volonté de penser seul ne l'avaient toutefois pas totalement écarté d'une tradition dans laquelle il avait pu puiser avec discernement. Hors des sentiers battus, il avait su trouver la forme adéquate et transgressive pour exprimer son refus d'un certain ordre social, sa défiance vis-à-vis des dogmes et des institutions, afficher son antimilitarisme. Si l'humour la masque partiellement, cette lucidité désenchantée transparaît dans son œuvre. Car, très présent dans son répertoire, l'humour n'est pas là par hasard. Il considérait en effet que le rire est une des choses les plus importantes qui soient. Et l'on verra qu'en la matière, très jeune Brassens avait quelques dispositions. Refusant d'asséner des idées, préférant suggérer les choses plutôt que de les dire, l'humour lui permit de faire de la « propagande de contrebande ». Moyen autrement plus plaisant et plus efficace qu'un ton docte et péremptoire. Dans ses chansons, il mit en scène les quelques personnages qui se mouvaient dans son petit théâtre intérieur, leur prêtant un ton familier, celui dont on use entre amis. Son humour, qui respire la santé et vous ragaillardit, suscite le rire par l'incongruité d'une situation, l'improbabilité d'un déroulement ou l'extravagance d'un personnage. Ainsi le fond des choses prend un tout autre relief.

Par le biais de l'humour, Georges Brassens était plus à même d'ébranler certaines convictions, de fragiliser les arguments des uns et des autres. Il usait de ce moyen détourné mais propice à faire accepter un point de vue différent. Manié avec mesure et habileté, l'humour, en sus du rire qu'il provoque, peut parfois inciter à prendre du recul, faire naître une interrogation. Tout cela bien sûr est étroitement lié à l'ouverture de l'auditeur au second degré, à sa capacité à considérer une opinion différente. Si c'est le cas, il peut alors dépasser ce qui lui est énoncé.

L'humour, et c'est fréquent dans les chansons de Brassens, vient atténuer le propos, affaiblir l'irrévérence, apporter un contrepoint à la tristesse, alléger la gravité d'une situation, mettre une distance nécessaire dans le récit. Son humour est volontiers incisif, plus rarement corrosif ; il ne se construit pas au détriment d'un personnage. Le sarcasme lui était étranger. « J'essaie de me placer au point de vue d'une bienveillante ironie universelle », disait-il. Loin de tout tourner en dérision, Brassens dénonçait les travers des hommes et de la société. Par ses traits d'esprit, ses farces, ses railleries, son ironie, il met en lumière, remet en cause, dénonce, relativise. L'ordre établi, le conformisme social, les dogmes intangibles, les injustices, font, de sa part, l'objet de critiques sans concession. Portant un regard sans illusion sur le monde, sans espoir démesuré quant aux évolutions à en attendre, Georges Brassens a utilisé ce chemin de traverse qu'est l'humour ; une arme qui, bien qu'inoffensive, peut se révéler bigrement efficace.

Par ces temps bien singuliers, il est urgent et salutaire de fréquenter, sans modération, les chansons de Georges Brassens.

Loïc Rochard

I

L'HOMME QUI RIT

Au cours de ses presque trente ans de carrière, Georges Brassens s'est livré au feu roulant des questions lors de nombreux entretiens accordés à la presse. Curieusement, il n'a guère été interrogé sur l'humour en général, sur le comique de situation qu'il a souvent utilisé, sur la drôlerie de certaines de ses chansons. Or, l'humour est constitutif de sa nature et omniprésent dans une large partie de ses chansons. Çà et là, malgré tout, l'on peut déceler son point de vue quant à ce trait dominant de son caractère et de son œuvre.

Ses plus proches amis ne s'y étaient pas trompés et, dans leurs écrits, nous éclairent à ce sujet.

De l'humour en général et de la facétie en particulier

Par Georges Brassens et quelques-uns de ses proches

Il faut convenir que cette verve humoristique, Georges Brassens la possédait depuis l'enfance. Émile Miramont[1], son condisciple au collège de Sète, en témoignera bien des années après : « De très bonne heure, Georges commença par coller des paroles de son cru sur des musiques d'autrui. Il gardera longtemps le goût de ces énormes farces. » Complice des jeunes années, Émile Miramont précisera : « Drôle, cocasse, burlesque, il tenait l'avant-scène, pétillant d'un humour à nul autre pareil. […] C'est en classe de sixième que commencèrent les choses sérieuses. Georges allait s'y révéler un redoutable agitateur. […] Il organisait savamment les tapages, distribuait les rôles, gonflait les énergies. » Brassens lui-même confiera plus tard à propos de sa jeunesse : « Je faisais n'importe quoi, j'étais disponible pour n'importe quoi quand j'avais 20 ans. Je m'en foutais. »

En 1943, requis à moins de 22 ans pour le STO (service du travail obligatoire), l'humour devint un

1. Voir notice biographique en annexe, page 202.

remède à l'ennui, un refuge : « En Allemagne, on s'emmerdait tellement… La vie avec vingt-quatre types, enfin vingt-trois puisque j'étais le vingt-quatrième, ce n'était pas exaltant. […] Pour essayer d'en sortir un peu, je faisais des tas d'extravagances, je faisais n'importe quoi, je disais n'importe quoi. Mais la vérité n'était pas là… »

René Iskin[2], un de ses compagnons de chambrée au camp de Basdorf (à quelques dizaines de kilomètres de Berlin), le rappelait volontiers : « Nous avions découvert en lui un compositeur qui versifiait avant de nous apercevoir que, parallèlement, ce poète était le roi du canular et de la blague de plus ou moins bon goût. […] Georges fut pratiquement à l'origine de toutes les conneries que nous avons pu réaliser. Il possédait en ce domaine une inépuisable inventivité. […] Parmi les quelques moyens demeurant à sa disposition dans cette tourmente, Brassens conservait une préférence des plus marquées pour le rire, le sarcasme, le canular, la mise en boîte. C'est en réalité l'ambivalence de comportement, la différence considérable opposant le poète et le chahuteur, qui pouvait laisser l'observateur pantois. »

Un autre ami d'enfance, Victor Laville[3], apporte quelques précisions sur l'attitude de Brassens dans ces circonstances pénibles : « Quand il n'écrit pas, Georges organise toutes sortes de farces, allant des lits en portefeuille ou des seaux d'eau en équilibre sur le haut des portes aux assauts d'autres chambrées, en passant par des batailles d'assiettes de soupe ou de paillasses et des démontages de lits. Il va jusqu'à chanter *L'Internationale* sous le nez des *Feldgrau*. »

---

2. Voir notice biographique, page 201.
3. *Ibid.*, page 201.

Ni son éclosion fulgurante ni un succès croissant n'entamèrent son penchant pour les blagues. À titre d'exemple, celle que nous rapporte Pierre Cordier[4] : « En 1959, Georges m'avait prêté sa traction Citroën pour aller assister à une de mes expositions à Anvers. Au moment où je mettais la clef dans la serrure de la portière, Georges apparut au balcon et cria : "Au voleur !" » À presque quarante ans la fantaisie n'avait pas déserté l'esprit de Brassens.

Il se souvenait : « À vingt-deux, vingt-trois ans jusqu'à vingt-cinq, vingt-six ans, en ce temps-là j'étais quand même un farceur, j'étais un sophiste ! » Il ne reniait rien et faisait preuve de lucidité : « Moi, je ne fais pas de différence entre celui que je suis aujourd'hui et celui que j'étais quand j'avais vingt ans. Je suis aussi dingue qu'à vingt ans, mais je le montre moins. »

Il nous précisait même les choses : « J'ai un tempérament plutôt ironique et plutôt blagueur. Je rigole assez des blagues, mais à vrai dire, je ne suis pas capable de les faire. Je suis capable d'en rire, je suis capable d'en imaginer, mais capable de les faire, non. Moi, j'aime bien la plaisanterie. »

4. *Ibid.*, page 198.

Rire pour tromper l'ennui et le désespoir

De retour à Paris, caché par des amis en attendant la fin de la guerre, Brassens se plongea dans la lecture. Il s'essaya aussi à l'écriture. Il apprit seul à jouer du piano et de la guitare. Démuni, il sortait peu. Mais quelques amis fidèles lui furent d'un soutien appréciable. De mars 1944, son retour d'Allemagne, à février 1952, ses débuts sur scène, il connut huit années d'une relative solitude meublée d'un apprentissage rigoureux de l'écriture et de la musique. Des accès de profond ennui, quelques moments de franc désespoir ne l'épargnèrent pas. À cela l'humour et le rire peuvent constituer une échappatoire efficace, à défaut d'être pérenne.

Ce qui a été retrouvé de la correspondance échangée à la fin des années 1940 avec Roger Toussenot[1] nous éclaire sur son état d'esprit de l'époque ; ainsi, une lettre écrite par Brassens et datée du 10 décembre 1948 : « J'ai reçu ta lettre ce matin. Tu auras celle-ci samedi. Cela te fera peut-être rire jusqu'à dimanche. Il faut te dire que j'ai une furieuse envie de faire le pitre. Mon vieux, je plaisante pour mieux te faire mesurer le sérieux qui est en moi. Tu sais bien que nous pleurons le plus souvent avec la

1. Voir notice biographique, page 204.

discrétion de la fantaisie. Je chante pour mieux pleurer.» Une autre lettre, cinq mois plus tard: «J'éprouve la nostalgie de l'autre monde. Tu comprends bien que j'étais né pour être un arbre et devenir grand, sans artifice. L'état d'homme me ronge le cœur. Heureusement, il reste l'hallucination préméditée. J'étais destiné à devenir un dieu, j'en suis fâché. Qui suis-je? Un enfant? Un étranger errant dans ce monde? Les deux sans aucun doute.» Un an plus tard: «C'est toi qui un jour m'a cité [Oscar] Wilde: "*Mon devoir, c'est de terriblement m'amuser!*" Tu penses bien que ce n'est pas tombé dans l'oreille d'un sourd, encore que je n'aie pas attendu Wilde pour pratiquer cette séduisante et "terrible" philosophie.» En 1969, il précisait: «Je n'ai rien contre le rire. Au contraire, je trouve que c'est une des choses les plus importantes.»

Pour témoigner de cette fantaisie, de sa totale indifférence à l'opinion d'autrui, celle qui fut sa compagne jusqu'à sa mort, Joha Heiman[2], confia lors de son unique interview: «Parfois, dans la rue, il me prenait dans ses bras et se mettait à courir… ça ne se faisait pas, mais lui s'en fichait.» Mais elle précisa aussi: «Il pouvait faire rire les autres alors que, dans l'intimité, il se montrait parfois triste.»

Il n'est donc pas sans intérêt de s'appesantir sur cette facette inattendue de ce monument de la chanson française. Quelques amis proches ont livré à ce sujet des propos révélateurs. Parmi ceux-là, René Fallet[3], qui fut sans doute le plus proche de ses amis, rapporte dans son

2. Voir notice biographique, page 201.
3. *Ibid.*, page 200.

Journal de A à Z[4] et à la date du 14 février 1968 un dialogue entre eux deux : « L'autre jour, je dis à Georges en le quittant : "Si tu t'ennuies, appelle-moi." Il me répond du tac au tac : "Bon. Je t'appelle dans cinq minutes." » Comme quoi l'ennui n'exclut pas l'humour. Dans ce même journal et en date du 18 décembre 1969, René Fallet va plus loin : « Son parfait désespoir, son dégoût de la vie me remontent le moral. Ainsi que moi, il sait que rien, ni l'argent ni les filles, ne peut plus nous aider à vivre. Il se réfugie, se blottit dans le rêve. »

La matinée, débutée très tôt, était consacrée à l'écriture de ses chansons. L'après-midi, il recevait souvent ses amis, un cercle restreint et essentiellement masculin. Des moments privilégiés pour ceux qui étaient reçus et qui, pour certains d'entre eux, étaient les premiers à entendre les chansons que Brassens venait d'achever. Rencontres propices à tromper l'ennui, ainsi que Pierre Louki[5] le rapportera en écrivant sa chanson *Allô, viens, je m'emmerde.* Ce texte relate leurs longs moments de silence passés au domicile de Brassens. Désenchantement partagé dans une complicité muette.

À un journaliste qui lui demandait de définir en quelques mots le Brassens qu'il avait connu, Pierre Louki répondit : « Un être désespéré. » Il précisait en outre : « Ces quelques années n'avaient pas modifié son peu d'enthousiasme pour la race humaine. » Un autre témoin capital fut son professeur de français au collège, Alphonse Bonnafé[6]. Dans sa présentation qu'il fit du

---

4. Extrait publié en seconde partie du livre de René Fallet, *Georges Brassens*, Denoël, 1976.

5. Voir notice biographique, page 202.

6. *Ibid.*, page 197.

livre *Brassens*, dans la collection « Poètes d'aujourd'hui », il nous dit : « Tous les défis et les sarcasmes et les gauloiseries de Brassens recouvrent un fond d'angoisse et de désarroi, une détresse. Il s'évertue à mettre les salles en joie afin de mieux se masquer qu'il est une âme en peine. [...] N'étant pas homme à pleurer ni à s'attendrir sur lui-même, il a choisi de réagir à son angoisse par le rire. Son œuvre raille, gouaille, s'ébat dans l'immonde et le saugrenu d'autant plus frénétiquement que l'angoisse est toujours là. La gaîté de Brassens a l'énergie du désespoir. »

Et qu'en disait Georges Brassens deux ans avant sa mort ? « Je ne suis pas complètement désespéré. Je crois que ça s'entend dans mes chansons que je ne suis pas désespéré. Ceux qui me disent misanthrope, misogyne ou désespéré, tout ça, sont des pessimistes, ce sont des comiques. Je ne suis pas désespéré. Je fais semblant de contester complètement le monde et de dire qu'il n'y a pas d'espoir, mais je pense qu'il y en a un petit quand même. Je crois qu'on a une chance de s'en sortir, mais pas tout de suite. »

Pas complètement désespéré, notons-le. Toutefois, la considération de ce qui l'entourait l'inclinait à se créer un monde parallèle : « J'ai toujours vécu dans des idéalités, des idéalités qui n'allaient pas très loin, enfin, dans des choses inventées. La réalité ne m'a jamais satisfait complètement et alors j'ai toujours ajouté quelque chose, j'ai toujours marché sur des routes un peu parallèles. Je n'ai jamais vraiment participé à quoi que ce soit sur la terre. La réalité ne m'a jamais convenu telle qu'elle était, alors il fallait instinctivement que je l'invente : une forme de mythomanie à mon usage. Je me mentais un peu à moi-même parce que cela m'emmerdait ; la vie autrement m'emmerdait. Je ne peux pas dire pourquoi. »

Rire malgré tout

Ce besoin d'évasion, Georges Brassens l'a-t-il satisfait dans l'écriture de ses chansons ? A-t-il pu pallier ce désenchantement « en s'amusant et en amusant les autres » (ainsi qu'il formulait son intention) ? N'a-t-il pas voulu masquer sa pudeur par son humour, sa verve drolatique, ses gaillardises ? À ce sujet, la lucidité dont il fit preuve très tôt est tout à fait notable. Une fois sa carrière bien installée, il revint sur cet aspect des choses : « Eh bien, d'abord j'aime m'amuser avec les mots. Une chanson, c'est une petite fête de mots et de notes. Le comique fait partie de cette fête. J'introduis mon humour en demi-teinte dans mes chansons. »

Du reste, Alphonse Bonnafé ne s'y était pas trompé : « C'est dans le domaine du sarcasme, du défi, de l'ironie qu'il se maintient de préférence. Sa verve y est fouettée, elle mène tambour battant de petits contes. [...] Chanter si passionnément la colère et le mépris sans cesser d'amuser est d'un art tout à fait consommé. Sa folle gaîté ne fait que masquer sa méditation triste. »

« J'aime rigoler, quoi ! Il n'y a pas tellement de comiques finalement dans tous les métiers d'aujourd'hui, y compris dans la chanson. Alors, il faut bien rire de temps en temps et puis c'est quand même pas très sérieux la chanson au fond. On écrit des chansons pour s'amuser et, moi, j'aime bien m'amuser», déclarait Georges Brassens en 1976. Mon public aime rire, je le connais maintenant mon public, je sais qu'il veut rigoler un bon coup entre deux chansons tendres et je suis heureux de savoir qu'en m'amusant j'amuse, que je donne peut-être une certaine joie plus profonde, une certaine émotion.» Et il poursuivait, pour que ne subsiste le moindre doute: «Lorsque je tiens un sujet qui va amuser le public, je ne vais pas le négliger. [...] Dans mes chansons, j'étiquette, forcément. Mais ceux qui me connaissent bien ne songent qu'à rire un bon coup. Et ils nuancent. J'ai un public intelligent. [...] Je m'amuse! Je m'amuse avec le public. Sans me faire beaucoup d'illusions sur le succès de ces chansons comiques. Elles font rire une fois, deux fois, puis c'est usé, il n'y a plus le choc, l'effet de surprise. [...] Je ne veux pas faire rire aux éclats, je veux faire sourire.»

Brassens, en aucune manière, ne voulait assêner quoi que ce soit, il privilégiait la suggestion et se gardait bien de vouloir exercer la moindre influence. Il avait sans doute trouvé dans l'humour son moyen de prédilection pour faire passer quelques idées, ou à tout le moins susciter une réflexion chez son public. Dans ce registre, il déclarait: «Dans une chanson il faut frapper fort, il faut caricaturer pour rendre plus efficace le trait principal. [...] Les idées sont importantes, mais il faut les défendre avec une certaine noblesse, un certain détachement. Je crois que, si l'on a l'intention de défendre une idée, il faut le faire de manière indirecte. J'aime, par exemple, plaisanter sur des choses assez graves. Je trouve qu'on atteint plus facilement son public en plaisantant qu'en étant sérieux.» Pierre Cordier, cet ami dont Georges Brassens fit la connaissance lors de sa première tournée en Belgique en 1952, souligne: «Une [autre] racine fondamentale de l'œuvre de Brassens, c'est incontestablement l'humour. [...] Il est pourtant important de noter que Georges, qui a jonglé avec les mots toute sa vie, avait horreur des calembours et des contrepèteries. En fait, s'il n'en faisait jamais, il savait évidemment apprécier les jeux de mots des autres. » Par ailleurs, Brassens renchérissait : « Je n'aime pas les calembours gratuits. Victor Hugo disait qu'ils sont *les fientes de l'esprit.* »

Un masque de pudeur

Et puis derrière l'humour, les mots crus, la verdeur de langage, la paillardise, peut se trouver un homme dont la pudeur ne s'est jamais démentie. Selon ses propres dires : « Je dissimule mes sentiments sous mes blagues. » Là encore ses proches en ont attesté. Ainsi Pierre Louki : « Je peux même témoigner en bien des cas de l'extrême pudeur du *provocateur*. » Ou bien René Iskin : « Georges a toujours noyé sa pudeur sous des tonnes de moqueries et de sarcasmes les plus divers. » Ou encore Émile Miramont : « Pudeur aussi ses pirouettes, ses sarcasmes, sa propension à prendre pour souffre-douleur le premier qui lui prêtait le flanc. Quant à la tendresse, elle ne s'exposait pas. »

Georges Brassens n'a jamais redouté d'appeler un chat un chat. Sa pudeur se situait ailleurs. Celle qui se manifeste dans certaines de ses chansons relève plutôt d'un procédé littéraire. Partageant un patrimoine culturel avec son public, il utilise une forme de fausse pudeur stimulant l'imagination de ce dernier. En cela, l'effet comique peut être irrésistible. Les conventions auxquelles la plupart se soumettent sont ainsi tournées en ridicule. Évoquer les choses sans les nommer satisfaisait son désir de suggestion ; accessoirement, des images poétiques peuvent jaillir de cette façon détournée de désigner ce qu'il est habituel de taire. Cette pudeur manifeste, Brassens l'utilise pour atténuer la gravité d'une chanson par le biais d'un trait d'humour, pouvant même aller jusqu'à la farce. N'est-ce pas une forme de respect de l'autre que de masquer ses pleurs sous un trait d'esprit ?

Des maîtres revendiqués

D'où lui venait ce goût du burlesque, de la caricature ? Dès l'enfance, Brassens montrait quelques dispositions en cette matière. Son père, son grand-père, semant quelques graines dans un esprit réceptif, y étaient peut-être pour quelque chose, ses lectures plus sûrement. Outre la poésie, le théâtre et bien d'autres domaines qu'il lut en abondance, les humoristes étaient naturellement venus enrichir une culture littéraire peu commune. Il s'est toujours réclamé des influences qui l'avaient nourri. Au cours d'entretiens divers, il citait quelques auteurs qui, dans ce registre de l'humour, avaient sa faveur : Alphonse Allais, Mark Twain, Aurélien Scholl, Tristan Bernard, Alfred Capus, Georges Courteline, Jules Renard, Marcel Aymé, Jean Anouilh, John Steinbeck, Oscar Wilde.

À propos de Courteline, il tenait à s'expliquer : « Courteline n'est pas considéré. Je ne sais pas si Courteline est un humoriste, c'est déjà un homme qui écrit en français et ce n'est pas tellement courant quand même, mais c'est important. Je trouve Courteline drôle ; je sais que ça fait hausser les épaules à des tas de gens qui n'ont d'estime que pour l'humour anglo-américain (j'aime beaucoup d'ailleurs ce genre d'humour). Mais je trouve que Courteline est pas mal du tout. Je trouve que *Le commissaire est bon enfant*, je trouve que *Messieurs les ronds-de-cuir* sont des chefs-d'œuvre. *Messieurs les ronds-de-cuir* est un chef-d'œuvre de la langue française ; c'est écrit dans un français très pur, encore indispensable. »

Mais un autre écrivain, beaucoup plus ancien, avait aussi marqué durablement Georges Brassens : François Rabelais. À son propos, Brassens tint à dire : « À l'époque où j'ai écrit *Le gorille*, je fréquentais assidûment Rabelais. Ceux qui me reprochent mes chansons gaillardes, je me demande s'ils connaissent Rabelais. » Et quand certains lui reprochaient un certain vocabulaire, il rétorquait : « Il suffit de lire Rabelais, les poètes du Moyen Âge, pour s'apercevoir que, non seulement par le talent mais par le scandale, je ne leur arrivais pas à la cheville. J'ai été nourri très jeune de Rabelais qui, lui, ne se gênait pas et j'ai été très marqué par Rabelais. » Et il insistait : « On m'a traité de polisson, de pornographe. Pourtant, les Du Bellay, Ronsard ou Rutebeuf avaient une plus belle cargaison de mots crus que la mienne. Mes chansons les plus délurées sont des textes pour enfants de Marie auprès de certaines chansons du corps médical. »

Lui qui appréciait le *nonsense* et l'humour anglo-saxon, confia : « J'ai relu Mark Twain et je me suis dit que je l'aimais beaucoup dans sa façon d'écrire. Il doit en aller de même pour lui, car il me semble écrire un peu à ma manière ! », démontrant ainsi que, décidément, il n'était pas lui-même dépourvu d'humour. Puis il ajouta : « Un autre Anglais qui m'a influencé, c'est Oscar Wilde, à cause de *La Ballade* [*La Ballade de la geôle de Reading*]. »

S'il ne s'intéressait que de loin à la littérature de son époque, Brassens n'avait pas manqué de lire les surréalistes : « Prévert m'aide, à cause de l'humour, du burlesque », écrivait-il à Roger Toussenot dans une lettre du 25 juin 1948. Quinze jours plus tard, il lui écrivait à nouveau : « Je n'ai aucune fixité dans l'instant. Je pratique l'école buissonnière. Au fond, je m'entends assez bien avec le fantasque des surréalistes, mais avec cette différence que je n'en prise que le gratuit, pas les intentions de se rendre utile à la révolution. » Quelque vingt ans plus tard, il précisera : « Quand j'ai fait connaissance avec le surréalisme, alors j'ai tout balancé. Et puis, avec le temps, les choses sont redevenues normales et mon Panthéon s'est un peu agrandi. »

Un reste d'esprit potache

D'après des propos rapportés par Pierre Cordier, Brassens disait : « Tous les grands hommes ont un jour dit "caca-boudin" quand ils étaient petits. » Brassens lui-même n'a pas échappé à cette veine scatologique qui fait glousser les écoliers derrière leur pupitre. Émile Miramont, décidément de bonne mémoire, se rappelait qu'au collège Brassens mit en musique un rondeau de François Rabelais. On le trouve au chapitre XIII de *Gargantua*, sous l'intitulé *Comment Grandgousier congneut l'esperit merveilleux de Gargantua à l'invention d'un torchecul.*

Et ce rondeau commence ainsi :

En chiant l'aultre hyer senty
La guabelle qu'à mon cul doibz ;
L'odeur feut aultre que cuydoys :
J'en feus du tout empuanty. [...]

Qu'un jeune collégien ait pu accéder à un ouvrage de Rabelais en vieux français est assez étonnant... Cela prouve néanmoins que, très jeune, Georges Brassens s'était décidé à ne rien s'interdire et à ne pas redouter l'opinion des autres. Son attachement viscéral à la liberté en général, à la liberté de création en particulier, n'allait que croître.

Hébergé un temps impasse Florimont, à Paris dans le 14e arrondissement où Brassens logeait chez des amis,

Émile Miramont relate une anecdote : « Dans le coin, une guitoune permettait de satisfaire à la turque nos besoins naturels et se prêtait de surcroît à la farce favorite de Georges ; dès qu'un occupant y prenait ses aises, le poète sadique jetait des journaux enflammés par le vasistas découpé dans la porte. Les hurlements de la victime le mettaient en joie. Il en dansait de jubilation. »

Sans tabou

Et puis, bien sûr, il y a les gros mots. Et toujours ce désir de s'amuser : « C'est toujours pour m'amuser que j'écris des chansons et que je dis des gros mots. » Il s'en explique : « J'ai toujours eu un faible pour les gros mots parce que ma mère les détestait et que mon père les employait assez fréquemment. » Il précise : « J'aime la truculence. Je suis comme un enfant qui rit en entendant un gros mot. Il sait que ce n'est pas très bien, ni de rire, ni de le dire. Mais il est heureux d'entendre une chose inhabituelle. Tous les gros mots que l'on trouve dans mes chansons, je les savais bien avant ma première communion et j'ai dû m'en confesser la veille ! »

Et puis, il faut bien le reconnaître, Brassens ne faisait qu'employer des vocables que tout un chacun, dans une sphère plus ou moins privée, utilisait sans retenue. Curiosité ou hypocrisie donc que de se choquer de l'usage de ces mots dits « gros » dans des chansons. Il est vrai que c'était tout à fait nouveau sur une scène de music-hall. Dès 1959, il relativisait : « J'ai dit des mots, mais les idées n'y étaient pas ; [...] l'intention choquante n'était pas là. J'ai dit des mots parce que ces mots sonnaient bien et que je les avais entendus, dits par des gens d'ailleurs très convenables, des gens très bien qui ne les ont pas aimés dans mes chansons. »

Néanmoins, pas tout à fait insensible aux critiques qui n'avaient pas manqué de l'assaillir à ses débuts et à la censure qui frappa nombre de ses premières chansons, Brassens se justifia : « L'excès dans les gros mots est une forme de pudeur aussi, finalement, une bravade, une rigolade. […] Moi, je considère que mes gros mots attendrissent les gens. Et plein de gens finalement, assez raffinés, ont accepté mes chansons avec les gros mots parce qu'il y a autre chose derrière. » Et de renchérir : « Quand je dis "merde", il y a tout de même, derrière, des bouquets de fleurs. » Pour conclure sur le sujet et non sans humour, Georges Brassens affirma en 1960 : « Ça ne peut gêner que les grossiers personnages, les gros mots finalement ! » Et son ami Pierre Louki d'enfoncer le clou : « En vrai, Georges détestait la vulgarité. »

Il n'empêche que Brassens conserva jusqu'à la fin le goût des chansons gaillardes, goût qu'il avait, comme beaucoup, acquis dans sa jeunesse : « J'ai du goût pour toutes les chansons et j'ai rencontré forcément les chansons de corps de garde. Cela m'a amusé d'en faire, ne serait-ce que pour emmerder les filles que je connaissais à cette époque-là, pour choquer, non pas le bourgeois, mais pour choquer quelques membres de mon entourage qui s'offusquaient facilement quand on disait un gros mot. […] Avec les copains, j'avais l'habitude de chanter les refrains de salle de garde. Et puis, j'étais nourri d'une certaine littérature. À force de vivre avec des gens comme Rabelais, on n'est plus heurté par des mots, ils deviennent un peu abstraits. […] À dix-sept, dix-huit ans, à cet âge-là, on a l'esprit de salle de garde et on s'amuse évidemment à choquer le bourgeois. Et moi, j'ai tellement pris l'habitude de faire cela que j'ai continué longtemps après. Cela a fini par devenir une seconde nature.» Il envisagea même de consacrer tout un disque à quelques chansons paillardes, mais ce projet ne put voir le jour.

L'esprit potache, sous-jacent dans son répertoire et propice à atténuer la morosité, ne quittera guère Georges Brassens. Cela se manifesta très tôt par le plaisir qu'il éprouvait à taquiner son entourage. Ainsi Émile Miramont fut-il une victime de ces taquineries, tel que le relate Brassens dans une lettre d'avril 1950 adressée à Roger Toussenot: «Depuis le départ d'Émile, je n'ai personne sous la main à tracasser et je souffre beaucoup de ce genre de refoulement. Quelqu'un à agacer un peu, et je renais à la vie, à la plume. La nuit, comme tu n'en ignores pas, je troublais le sommeil de l'illustre Corne d'Aurochs, je coupais le courant, j'allais à pas de loup vers sa chambre et me déguisais en fantôme ou en bandit…»

Pour s'amuser, Georges Brassens ne détestait pas créer de fausses discordes entre ses proches. Pierre Cordier en a été témoin: «Je me souviens que Georges adorait semer la zizanie entre ses amis réunis autour d'une table. Lorsque l'un d'entre eux s'était absenté pour aller satisfaire un besoin naturel, il lui disait, à son retour: "Tu ne te rends pas compte de la vacherie qu'a dite X sur toi pendant que tu étais parti", et il bichait quand il voyait le trouble s'installer chez les deux amis concernés.» Pierre Louki s'en souvenait aussi: «Georges avait un côté taquin. Il prenait plaisir à exciter les membres de sa cour […] les uns contre les autres. Je l'entendis souvent, d'un ton tout à fait bienfaisant, monter Fallet contre Chabrol. L'inverse dut bien arriver aussi.» Au moins René Fallet y trouva-t-il l'inspiration du surnom *Sétois la zizanie* dont il affubla Georges Brassens.

Surnoms et sobriquets

Georges Brassens a toujours eu pour habitude d'attribuer des surnoms à ses proches. Sans doute cette pratique remonte-t-elle à l'époque du collège. Émile Miramont en témoigna : « Les surnoms, il nous [les] donnait, moins pour nous définir que pour nous affubler de sobriquets sonores aussi ronflants que des titres de noblesse ou des noms de chefs indiens. » Plus étonnant, cette habitude a perduré longtemps. Si l'on se plonge dans ses œuvres de jeunesse, des noms inattendus fleurissent à profusion. Leur découverte à elle seule est une réjouissance. Tout cela illustre bien sa volonté affirmée de se créer un monde bien à lui dans lequel évoluent des personnages surprenants inspirés, pour quelques-uns d'entre eux, par son entourage. Cette propension à affubler ses familiers de sobriquets ou de surnoms plus anodins reflète une inventivité infinie, un indéniable humour et une ironie de bon aloi. Ce fut peut-être chez lui plus un jeu qu'une habitude, une manière de distraire ses amis, de les amuser, parfois au détriment de celui qui était ainsi baptisé. Qu'on en juge :

- Elvira Dagrosa : *L'Italienne* – sa mère.
- Jean-Louis Brassens : *Le Vieil Ours* – son père.
- Joha Heiman : *Püpchen* (altération du mot allemand *püppchen* qui signifie « petite poupée »), *Le Cactus*, *Vibrant*

cactus, *La Chenille*, *Blonde chenille* – sa compagne depuis la fin des années 1940.

- Victor Apicella : *Le Napolitain* – guitariste talentueux et reconnu, Victor Apicella fut sollicité pour les enregistrements, à quelques exceptions près, des disques sortis de 1954 à 1969.
- Éric Battista : *Le Sauteur*, *Le Sportif imbécile* – ce fidèle ami sétois fut à plusieurs reprises champion de France de triple saut avant de devenir artiste peintre. Brassens disait détester les jeux de mots ; néanmoins, on ne peut s'empêcher de penser qu'il s'est peut-être laissé aller au moins une fois : triple sot (saut)/sportif imbécile.
- Jean Bertola : *L'Incorruptible*, *Robespierre* – musicien et chanteur, cet ami fut le premier interprète des chansons posthumes de Georges Brassens.
- Jeanne Le Bonniec : *Grobidon* – la Jeanne de la chanson, qui le recueillit et l'hébergea longtemps impasse Florimont, était tout sauf enveloppée.
- Jean-Michel Boris : *Gamin* – neveu de Paulette et Bruno Coquatrix, il fut directeur général puis directeur artistique de l'Olympia.
- Jacques Brel : *L'abbé Brel* – à ses débuts et en guise de tenue de scène, Jacques Brel revêtait une espèce de chasuble. Qui plus est, son premier répertoire était empreint d'un certain esprit de patronage catholique ; cela n'a pas manqué de susciter des quolibets de la part de Pierre Nicolas[1], le contrebassiste de Georges Brassens. Pour y couper court, Brassens intima à son musicien : « Mais fous-lui donc la paix à l'abbé Brel ! » Il faut croire que Brel n'en tint pas trop longtemps

1. Voir notice biographique, page 203.

rigueur à Brassens puisqu'ils devinrent très liés par une amitié qu'une admiration réciproque renforçait.

– Jacques Canetti : *Socrate* – directeur artistique chez Polydor puis Philips, producteur, créateur du cabaret Les Trois Baudets, et surtout, soutien de nombreux nouveaux talents de la chanson.

– Jean-Pierre Chabrol[2] : *Le Primate des montagnes*, *Le Bœuf de toile*[3] – cet écrivain cévenol et ami de Brassens fut également surnommé *La Femme à barbe* par Albert Vidalie[4].

– Pierre Cordier : *Le Grand Dépendeur d'andouilles* – ami du chanteur dès l'année 1952, cet artiste belge, de grande taille, est l'inventeur du chimigramme. C'est à lui que l'on doit de nombreuses photos prises à Bruxelles en 1952 sur lesquelles on découvre un Brassens fantasque.

– Sophie Duvernoy : *La Polonaise* – la gouvernante, d'origine polonaise, qui officiait dans la maison de Georges Brassens rue Santos-Dumont à Paris.

– René Fallet : *Villeneuvois-la-Rancune* – écrivain né à Villeneuve-Saint-Georges et peut-être l'ami le plus proche. Entre eux deux, l'usage de leur prénom respectif prévalait. *Le Père lingot* était un autre sobriquet

2. Voir notice biographique, page 198.

3. Le Bœuf de toile était autrefois une des attractions sétoises. Il sortait pour toutes les fêtes. À l'intérieur du Bœuf se trouvaient les porteurs qui, lorsqu'ils n'étaient pas satisfaits de l'accueil des commerçants devant lesquels ils s'arrêtaient, lançaient une pelletée de fumier devant le magasin.

4. Albert Vidalie (1913-1971), journaliste, romancier (*Les Bijoutiers du clair de lune*), auteur de théâtre, cet autodidacte très lié à Antoine Blondin écrivit également des chansons qu'interprétèrent notamment Juliette Gréco, Monique Morelli, Les Frères Jacques et Serge Reggiani (*Les loups sont entrés dans Paris*).

que René Fallet devait à Antoine Blondin[5] et que Georges Brassens reprenait à son compte.

- Joël Favreau : *Galopin* – guitariste éminent, mais également auteur-compositeur-interprète, Joël Favreau joua, après d'autres et jusqu'à la fin, la seconde guitare pour l'enregistrement des disques et pour les émissions de télévision.
- André Larue : *Plésiosaure indécis* – rencontré au STO, ce futur journaliste fut pressenti pour intégrer le Parti préhistorique naissant. La longue hésitation qui précéda son refus lui valut ce sobriquet.
- Lucienne Letondal : *L'Innocente* – née en 1930, cette comédienne québécoise interrogea Georges Brassens en 1961 pour le compte de Radio Canada. En compagnie d'Henri Rollan et de Georges Brassens, elle enregistrera un disque consacré à la poésie de Norge.
- Odette Louki : *La Madone des sleepings* – sa prédilection pour les voyages en train valut à l'épouse de Pierre Louki d'être surnommée du titre de ce roman de Maurice Dekobra, porté au cinéma en 1955.
- Pierre Louki : *Ce con de Louki*, *Louki-la-Scoumoune* – auteur, interprète et ami proche de Brassens.
- Maria : *Le Succube* – cette jeune femme poursuivit Brassens de ses assiduités ; ni une, ni deux, *Le Succube* (ce démon qui, pour avoir des relations sexuelles avec

5. Antoine Blondin (1922-1991) fut réquisitionné par le STO après de brillantes études littéraires. Son premier roman (*L'Europe buissonnière*), inspiré de cette funeste expérience, lui valut un premier prix littéraire. Journaliste, il écrivit dans de nombreux journaux et notamment *L'Équipe*, pour qui il suivra plus d'une vingtaine de Tours de France. D'autres prix vinrent récompenser son œuvre littéraire (*L'Humeur vagabonde*, *Un singe en hiver*, etc.).

un homme, prend l'apparence d'une femme) vint supplanter son prénom.

– Émile Miramont : *Corne d'Aurochs* – cet ami d'enfance fut le seul membre actif du plus qu'éphémère Parti préhistorique, ce qui lui valut son surnom, devenu célèbre par la chanson éponyme. Sans que la paternité de Georges Brassens en soit avérée, *Le Tube* fut le premier surnom dont hérita Émile Miramont, pour des raisons que lui-même ignorait. Puis ce fut *Cocodès*, du nom de ce dandy parisien de la fin du XIXe siècle dont les manières et les vêtements étaient considérés comme excentriques et ridicules.
– Pierre Nicolas : *Pierrot-la-Famine* – contrebassiste (après des études de violon), il accompagna Brassens du début à la fin. Il mit aussi son talent au service de Patachou[6], Catherine Sauvage, Barbara, Juliette Gréco, Charles Trenet, Francis Lemarque, Jacques Brel. Son appétit insatiable et son goût pour la bonne chère ne manquèrent pas de lui valoir ce premier sobriquet. Puis ce fut *Grippe-chaussettes*, suite à son refus de prêter une paire de chaussettes à Brassens avant d'entrer en scène un soir où il les avait oubliées chez lui… Entre eux toutefois, seuls les prénoms avaient cours.
– Louis Nucera : *Galopin* – cet ami, journaliste et écrivain, fut un temps attaché de presse des disques Philips.
– Pierre Onténiente : *Le Poète*, *Gibraltar* – ce premier surnom remonte au temps du STO, où Pierre Onténiente et Georges Brassens firent connaissance. Outre le travail auquel il était astreint dans la journée, Pierre Onténiente occupait les fonctions de

6. Voir notice biographique, page 203.

bibliothécaire, et, le soir, arpentait les chambrées des livres sous le bras. Ce surnom ne survivra pas au-delà de cette période funeste. Cet ami fidèle fut le secrétaire de Brassens et bien plus encore. Le surnom de *Gibraltar* lui avait été donné par Georges Davenne, secrétaire de René Clair, lors du tournage du film *Porte des Lilas*. Si, entre eux, Georges Brassens et Pierre Onténiente ne s'appelaient que par leur prénom, le surnom de *Gibraltar* est cependant demeuré, justifié par le rempart aussi solide qu'indispensable qu'il représentait.

– Patachou : *La Tyrannette*, *La Tigresse*, *Mon pommier*, *La Négresse blonde* (allusion au titre d'un des ouvrages de Georges Fourest) – la rencontre avec Patachou, chanteuse elle-même dans son cabaret éponyme, fut déterminante. Grâce à elle, Georges Brassens rencontra enfin un public. Patachou fut la première interprète des chansons de Brassens.
– Mario Poletti : *Le Glouton optique* – cet ami avait pour habitude d'utiliser son appareil photo sans retenue. C'est grâce à René Fallet qu'il rencontra Georges Brassens. De par ses fonctions commerciales dans l'édition, c'est lui qui approvisionnait Brassens en livres.
– Josée Stroobants : *La Belge* – photographe, cette amie lui fut présentée par André Tillieu. C'est à elle que Brassens confia ses archives photographiques.
– André Tillieu : *Le Belge* – journaliste bruxellois, écrivain et ami.
– Poupisque (une des chiennes de l'impasse Florimont) : *La Blonde hétaïre*, de ce vocable qui désignait les courtisanes grecques d'un certain rang.

Pierre Louki témoigna[7] plus tard de ce penchant à user de surnoms et notamment de celui de *Galopin* : « Galopin était son appellation favorite pour ceux qui n'avaient pas encore un nom ou un surnom imposé définitivement. Je l'entendis maintes fois accueillir un nouveau de cette façon. »

Juste retour des choses, Georges Brassens se trouva à son tour surnommé, mais avec une inspiration inégale. Ces diminutifs et sobriquets successifs illustrent les différentes périodes de son existence et les cercles côtoyés au fil du temps.

- *Jo* et *Jojo* : diminutifs inévitables du temps du collège mais que certains de ses amis proches, tel que Victor Laville, continuèrent d'employer.
- *Bidet* : attribué par ses compagnons de chambrée, en référence au couplet de *Souvenirs de parvenue*, chanson composée au STO et qui, remaniée, deviendra *Le mauvais sujet repenti*. Ce couplet inédit se finissait ainsi :

  Te souviendrait-il encor' du
  Bidet d'hygiène
  Avec lequel j'avais fendu
  Ta boît' crânienne ?

- *Œil de Mammouth* : à l'époque de la tentative avortée de créer le Parti préhistorique.
- *Farouk* : ses débuts fulgurants, rompant avec sa vie d'ascète famélique, lui valurent de prendre de l'embonpoint et d'être un temps surnommé ainsi.

---

7. *In* Pierre Louki, *Avec Brassens*, Christian Pirot Éditeur, 1999.

– *Beaubichon* : très probablement attribué par Jeanne et évoqué une seule fois par Brassens dans une lettre adressée à son ami Toussenot.
– *Le Gros* : très discutable quant à son originalité, ce sobriquet semble pourtant avoir survécu assez longtemps…
– *Le bon maître* : employé exclusivement par sa gouvernante, Sophie Duvernoy.
– *Sétois-la-Zizanie* : dû à son goût de monter ses amis les uns contre les autres, par plaisanterie de semer la discorde entre ses familiers. Inspiré dans sa forme par les traditions des Compagnons du devoir et probablement inventé par René Fallet, ce surnom est le pendant de *Villeneuvois-la-Rancune*.

II

L'HOMME QUI RIT ET QUI ÉCRIT

Les premiers écrits

De la jeunesse à l'âge mûr

Même si des circonstances l'y contraignirent, son souhait de quitter Sète pour rejoindre Paris se réalisa en février 1940. Brassens n'avait pas dix-neuf ans. Une sœur de sa mère l'hébergea dans le 14e arrondissement. Parallèlement à ses lectures aussi nombreuses qu'éclectiques, il s'essaya à l'écriture. Il ne pensait pas encore à écrire des chansons et se consacra d'abord à la poésie. En sus de nous éclairer sur l'évolution d'un auteur, ces écrits de jeunesse nous dévoilent les ferments de ce qui constituera son œuvre en chansons.

Les couleurs vagues

En 1941, Georges Brassens réunit onze poèmes dans un recueil intitulé *Les couleurs vagues.* Recopié de sa main à quelques exemplaires, ce recueil dut faire la joie des rares amis qui le reçurent. Tous ces poèmes expriment l'ennui, la mélancolie, la nostalgie, la tristesse. D'humour, point ! Au cours de ses années de collégien, il avait pourtant largement prouvé qu'il n'en était pas dépourvu. Il faut dire que la Seconde Guerre mondiale, si elle n'avait pas encore dispensé toutes ses horreurs, n'inclinait pas à l'euphorie. À cette époque, Brassens était éloigné de sa famille, privé de ses amis sétois. Sans doute s'interrogeait-il aussi sur son devenir. Ces circonstances peuvent expliquer le ton général de ce recueil.

Des coups d'épée dans l'eau

Mais Georges Brassens persévère, poursuit ses lectures innombrables, étudie la versification, s'initie à la musique sur le piano de sa tante. Le désir d'être un jour publié devait l'habiter puisqu'il réitéra en regroupant cette fois dix poèmes. Préfacé par son ami d'enfance, Émile Miramont (le futur *Corne d'Aurochs*) et dédié à ses parents et à sa sœur, ce recueil n'a pas dû connaître une plus large diffusion. Daté de 1942, il est en effet à nouveau manuscrit et recopié de la main de son auteur. Le contraste avec le recueil précédent est saisissant. Le caractère de Brassens se révèle déjà bien affirmé et peu encombré de conventions. La maturité s'installe. Son imagination s'y montre féconde et son inspiration très diverse. On y voit poindre ici et là un vocabulaire recherché. Et d'évidence, La Fontaine a déjà marqué son empreinte ; non seulement une référence appuyée au fabuliste est faite dans le poème *Enfantillages* (le plus long de ce recueil), mais la liberté dans la prosodie n'est pas sans rappeler celui à qui toute sa vie Georges Brassens vouera un attachement tout particulier. *Des coups d'épée dans l'eau* recèle quelques traits d'humour dans une petite moitié des dix poèmes. Dans

Esprit et dans *Nuance*[1], tous les deux très courts, Brassens semble s'être réjoui de l'esprit de répartie qui en font la saveur. Dans *Le ramoneur*, ce dernier songe à se noyer dans la Seine, mais y renonce, craignant d'y trouver des baleines… Dans *Neige*, une pipelette *(sic)* met fin à une bataille homérique à coups de balai.

1. En exergue de ces deux poèmes, Brassens note : « Sujet emprunté à Scool ». On peut se demander s'il ne fait pas plutôt référence à Aurélien Scholl (1833-1902), romancier et auteur dramatique connu pour son humour grinçant.

À la venvole

Cette fois-ci, Georges Brassens fit imprimer ce troisième recueil de poèmes avec la contribution financière de son entourage proche. Nous sommes toujours en 1942. Certes, il s'agit d'une édition à compte d'auteur, mais elle porte le nom d'un éditeur : Albert Messein. Le titre *À la venvole* prouve le goût que, très tôt, Brassens développa pour les archaïsmes, les expressions surannées. Comme toujours chez lui, les mots et locutions ne sont jamais employés sans raison. *À la venvole* signifie souvent : à la légère, inconsidérément. En l'occurrence, et au vu de la grande diversité des poèmes de ce recueil, cette locution est peut-être utilisée dans une autre acception : au hasard, au gré du vent.

Treize poèmes constituent cet ouvrage. Plusieurs d'entre eux, notamment *L'ignorant* et *Vanité*, confirment l'influence de Jean de La Fontaine tant par la métrique variée que par le fond pas très éloigné de celui du fabuliste. Plus tard, Georges Brassens portera un jugement sans concession sur cet ouvrage de jeunesse : « Ça ne valait rien du tout. [...] Je faisais n'importe quoi quand j'avais vingt ans. Et puis je m'en foutais. Un moment, j'ai renoncé à tout ça. »

En dépit de ce rejet qu'il exprimera, l'on peut noter que les thèmes abordés dans ce recueil sont très divers et que le sentimentalisme des *Couleurs vagues* s'estompe. Si la nostalgie est encore présente dans *Nuages*, la mort, la fin des illusions, font leur apparition. Brassens y raille la prétention, y dénonce l'injustice. Les germes de la fronde se développent chez lui.

Le poème *Rime* se distingue des douze autres par son humour. Brassens précise en exergue qu'il fut inspiré par *Mots et anecdotes,* peut-être un ouvrage trouvé chez sa tante, à la bibliothèque du 14e arrondissement ou bien chez un bouquiniste. C'est du reste un humour quelque peu scatologique. Les onze vers de ce poème n'ont que ce seul prétexte :

Dans un salon, un jour de fête,
Un poète
Fait sortir de son fondement
Un vent,
Qui gronde comme une tempête.

Également assez courts, deux autres poèmes, *Histoire de pieds* et *Solidarité*, prêtent à sourire. Le premier de ces poèmes est fondé sur la balourdise des protagonistes qui répondent machinalement à la question d'un cul-de-jatte, sans tenir compte de son infirmité. Le second joue sur deux acceptions du verbe « entretenir » tout en fustigeant l'hypocrisie du clergé.

Après *Des coups d'épée dans l'eau*, ce recueil illustre aussi la liberté d'inspiration de son auteur, la variété des thèmes choisis et la hauteur de certaines de ses préoccupations. Se manifeste enfin son désir de juxtaposer plusieurs registres, comme il le fera plus tard lors des récitals sur les scènes de music-hall, de mêler gravité et humour.

Des articles pamphlétaires dans *Le Monde Libertaire*

À la faveur de rencontres dans son quartier, Georges Brassens rejoignit le mouvement anarchiste. Il collabora de manière éphémère au journal *Le Monde Libertaire*, organe fédéral de ce mouvement. Il y publia une quinzaine d'articles entre septembre 1946 et juin 1947, qu'il signa indifféremment Géo Cédille (Brassens faisait également office de correcteur bénévole, ce qui laisse à penser qu'il trouva lui-même ce pseudonyme), Gilles Colin ou des seules initiales G. C. À cette époque, il n'était pas rare en effet qu'il signât des initiales de ses deux prénoms : Georges, Charles. On lui prête également la paternité, sans que cela soit avéré, d'articles signés Gilles Corbeau et Pépin Cadavre.

En 1972, Georges Brassens déclara à Jacques Vassal[1] : « Au lendemain de la guerre, je faisais *Le Libertaire* et j'y écrivais souvent des articles extrêmement violents. » Brocarder la maréchaussée fut longtemps un sport national et un prétexte à de franches rigolades. Dans plusieurs de ces textes, Brassens déploie son talent pour dénoncer, en la caricaturant, la force publique. Il met en avant son goût pour l'humour par l'exagération et par

1. *In* Jacques Vassal, *Brassens, homme libre*, le cherche midi, 2011.

l'absurde. Le ton est très véhément, la charge violente, la caricature cruelle, le vocabulaire peu amène et la moquerie vacharde.

Le 20 septembre 1946, après un long développement ironique, il écrit : « [...] En effet, cette respectable corporation regorge de braves pacants [rustres, manants] entretenant des relations étroites, constantes et manifestes avec la bêtise la plus sordide… C'est, certes, son droit le plus strict. Nul ne saurait décemment tenir rigueur à des gendarmes de leur tendance à vouloir vivre en bonne intelligence avec la bêtise… Mais, malgré tout, ce genre de fraternisation a des bornes qu'il convient de ne point outrepasser sous peine de grave accident… »

La semaine suivante et à la suite d'un accident qui causa la vie à un « pandore », dans un autre article, Brassens insiste : « … Comment ! diront les honnêtes gens, cette fois c'en est trop ! Les voyous du *Libertaire* osent se réjouir ouvertement de la mort d'un individu et souhaiter encore la mort d'autres individus ! Voilà qui dépasse les bornes du cynisme ; atteint au pinacle de la monstruosité.

« Nous pourrions objecter fort justement qu'un flic n'est pas un individu. Mais afin de prouver que nous ne sommes ni des monstres ni des cyniques, afin de prouver que nous n'en voulons pas à la vie d'autrui, quand cette vie serait celle d'un flic, afin de prouver en un mot que nous avons un idéal humanitaire, nous nous contenterons de leur répondre que nous ne nous réjouissons qu'en apparence.

« Qu'au fond nous déplorons la fin malheureuse d'un homme, quel qu'il soit, car peut-être celui-ci était-il trop bête pour faire autre chose qu'un gendarme et par conséquent irresponsable de sa bêtise.

« Qu'au fond, nous plaignons la veuve et les enfants qu'il laisse peut-être et qui sont également irresponsables de la position conjugale ou paternelle.

« Qu'au fond, tout cela est bien triste et que nous maudissons le hasard… oui. Mais que diable ! pourquoi les gendarmes ont-ils des sifflets et pourquoi y a-t-il des gendarmes ? »

Le 11 octobre de la même année, un autre article vilipende ces mêmes gendarmes. Enfin, dans un article daté du 15 novembre 1946 et intitulé *Critiques littéraires*, il s'en prend cette fois-ci aux policiers à qui il attribue le même niveau intellectuel qu'aux gendarmes : « Rien ne nous aura été épargné. En 1944 nous avons supporté (avec peine d'ailleurs) le fantastique paradoxe des policiers libérateurs. Comme s'il pouvait être possible, en ce bas monde, d'œuvrer en même temps pour la libération de ses semblables et leur internement. Ce n'était déjà pas si mal. Mais on a trouvé mieux depuis. »

Brassens relate que des policiers eurent à décider si une pièce de Giraudoux pouvait être jouée ou non. Il s'en insurge ainsi : « On aura tout vu, c'est le cas de le dire. Les policiers critiques littéraires ! Heureusement que Jean Giraudoux n'est plus. Il serait parti d'un tel éclat de rire que la flicaille de l'univers en eût été écrasée. Ce qui bien entendu aurait fait notre affaire, mais pas celle des braves bougres choqués par notre penchant à nous réjouir chaque fois que la mort anéantit une de ces charognes. »

Fallait-il que sa révulsion pour la gent policière ou « gendarmesque » atteignît des sommets pour en témoigner de la sorte ? Le politiquement correct n'était pas encore de mise… Comique par l'outrance, comique par l'absurde, doutant sans relâche de l'intelligence des uns, de la capacité de jugement des autres, Brassens utilisait là quelques ressorts classiques de l'humour. De là à considérer que c'était une manière un peu facile de mettre les rieurs de son côté… En réalité, Georges Brassens tenait déjà trop à sa liberté de penser et d'expression pour user d'artifices complaisants. Il avait par ailleurs suffisamment de caractère pour ne pas dissimuler ses convictions sous son chapeau.

Par la suite et dans son répertoire, Georges Brassens apportera plus de nuances dans ses propos, plus de finesse dans son humour, plus de subtilité dans son ironie. Son aversion pour l'institution des forces de l'ordre, sincère à l'époque sans aucun doute, ne s'éteindra pas pour autant.

Toutefois, policiers et gendarmes ne sont pas les seules victimes de sa vindicte, les staliniens en prennent tout autant pour leur grade. Il faut dire qu'entre communistes et anarchistes, le torchon brûle. La charge, là encore, est sans aménité. Le style est soigné et l'humour omniprésent. Le 4 octobre 1946, dans un article intitulé « Inconvénients et avantages de l'automne » signé Géo Cédille, Brassens écrit : « Les poètes staliniens vont taquiner les braves muses qui pourtant ne leur ont rien fait. Éluard, Aragon et consorts demanderont au bon papa Staline l'autorisation de chanter la chute des feuilles… Staline, si généreux, la leur accordera et nous en supporterons les horribles conséquences. Rien ne nous aura été épargné. »

Une semaine plus tard, un article entier est consacré à Louis Aragon, sous le titre « Aragon a-t-il cambriolé l'église de Bon-Secours ? » Un cambriolage a en effet été commis dans cette église et Georges Brassens le relate ainsi : « […] Des individus s'aperçoivent que dans une église dorment, inutiles, des valeurs susceptibles de leur accorder le pouvoir d'achat qui leur fait défaut. Ils s'en emparent. C'est normal, c'est légitime. Il faudrait être détraqué pour trouver à redire à cela. Mais où l'affaire se corse, c'est lorsque des policiers amateurs (il y en a plus qu'on ne pense) s'avisent d'établir une corrélation entre ce "vol" et celui commis par le poète Louis Aragon en 1927 au préjudice de l'église de Melun et de signaler ce dernier à l'attention des enquêteurs. Grossière, fâcheuse méprise à la vérité. Aragon est absolument incapable d'accomplir aujourd'hui un acte aussi noble, aussi grand. Entièrement soumis à la force capitaliste, il ne voudrait pour rien au monde la frustrer du moindre centime. Et d'ailleurs, lui, quand il volait, ce n'était pas dans un dessein de lucre, il volait pour voler, tout simplement. C'était du beau lyrisme, nous en convenons. Mais de là à oser lui faire endosser l'honneur de la paternité du cambriolage glorieux de la basilique de Bon-Secours, il y a du chemin. C'est à notre avis pousser un peu loin l'inconscience. Aragon n'a pas besoin de voler pour se procurer des subsides. Il lui suffit de se baisser aux pieds de ses maîtres. C'est plus facile et moins dangereux. »

Cette charge virulente n'empêchera pas Brassens quelques années plus tard de mettre en musique le poème d'Aragon *Il n'y a pas d'amour heureux.*

Toujours le 11 octobre 1946, il s'en prend particulièrement à une collaboratrice du journal *L'Humanité*, Simone Téry (1897-1967) : « La stupeur, la colère et la douleur sont de bien vilaines personnes. Elles paralysent Simone Téry de l'organe central du parti communiste français. L'auteur de *La porte du soleil.* Une porte blindée destinée à empêcher les lecteurs de *L'Humanité* d'entretenir de saines relations avec la lumière de l'astre du jour. » Après cette introduction et évoquant l'acquittement de trois dignitaires nazis au procès de Nuremberg qui s'est clos dix jours avant, le 1er octobre, il poursuit ainsi : « Elle termine son article en invitant les veuves et les orphelins à se dresser dans le légitime dessein de maudire ces juges abjects qui ont lavé trois criminels de guerre. Abominable indulgence… Pouah ! Simone crache par terre et va s'enfermer en elle-même au sein de la pureté, de la grandeur où elle pourra méditer le génial papier qu'elle donnera en pâture demain aux lecteurs de *L'Humanité.* »

Dans le même numéro du *Monde Libertaire*, dans un second article signé cette fois G. C., c'est Madeleine Jacob (1896-1985), journaliste à *Franc-tireur*, puis *Libération* et enfin *L'Humanité*, qui fait l'objet de son acrimonie : « Madeleine Jacob se pâme de bonheur. Pensez donc que l'on va bientôt pendre haut et court une douzaine de criminels de guerre. Et de nationalité allemande par-dessus le marché. Enfin le jour tant attendu approche. Pas assez vite cependant au gré de Madeleine. […] Le jour approche donc où la bonne Mado – qu'elle nous pardonne cette familiarité – connaîtra le bonheur physique. Voluptueusement étendue sur son lit dans une pose à remettre en puissance la virilité de Guitry, elle va évoquer Goering et ses complices en proie aux plus vives souffrances. […] » La position de Georges Brassens vis-à-vis de la peine de mort est déjà déterminée.

Le 27 décembre 1946, sous la signature de Géo Cédille, Brassens entame un article ainsi : « Nous ne cessons de le clamer et de le proclamer. Les staliniens sont des êtres extrêmement spirituels. Et altruistes, par-dessus le marché, ce qui ne gâte rien. […] Le manque de mémoire est inhérent à l'espèce stalinienne. Mnémosyne, la déesse de la mémoire, n'a pas l'air de vivre en bonne intelligence avec elle… »

De manière plus épisodique mais tout aussi sévère, Georges Brassens s'attaque à la religion. Ainsi dans l'article « Le hasard s'attaque à la police » du 27 septembre 1946 et signé Gilles Colin : « Et maintenant, je vous le demande un peu, pourquoi ce dieu qui s'appelle le hasard ne ferait-il pas aussi bien les choses que le Dieu des catholiques, le dénommé Jésus-Christ. S'il ne les fait pas aussi bien, il faudra lui rendre cette justice qu'il ne les fait pas plus mal. Car, soit dit en passant, les zélateurs de la religion catholique sont bien obligés d'imputer à leur fétiche tout-puissant, Jésus-Christ, la conception et la réalisation des sanguinaires mises en scène que sont les guerres mondiales. Obligés de lui reconnaître une intervention personnelle dans les catastrophes ferroviaires et autres fariboles qui ne constituent pour lui que les plus inoffensifs et dilettantiques *(sic)* passe-temps. Contraints enfin de l'inculper de complicité bienveillante dans la corruption, la vénalité et la pourriture des individus et des temps. Le revers de la médaille… quoi… »

Puis, c'est au tour des politiciens dans « Qu'attend la masse pour se soulever ? ». Cet article du 18 octobre 1946 signé G. C., Brassens n'y va pas par quatre chemins : « […] Gouin, Farge, Thorez, Bidault et tous leurs complices se foutent de nous, c'est manifeste, c'est connu, tout le monde en est sûr, tout le monde le dit. Mais au lieu de faire ce qu'il conviendrait en ce cas, ce que la "liberté de la presse" nous interdit sévèrement de dire ici, 69 % des individus trouvent encore l'inconscience, la stupidité d'aller leur apporter leur approbation. 69 % des individus votent. 69 % des individus leur disent : "C'est bien, c'est très bien, continuez, vous avez besoin de bonnes poires, nous voilà toutes mûres." C'est cela le véritable scandale. Être dominé par des hommes serait une chose insupportable. Pouvons-nous persister à nous laisser dominer par des impuretés, des matières excrémentielles ? » Toujours Brassens sera rétif aux injonctions, à l'autorité, à la domination d'un être par un autre.

Le tableau serait incomplet si n'était évoquée une diatribe à l'encontre des militaires. Brassens s'y attelle le 4 octobre 1946 dans l'article « Au sujet de la bombe atomique (Suggestions à un général américain) », signé G. C. : « L'on savait par cœur que les militaires de carrière étaient à couteaux tirés avec l'intelligence la plus élémentaire. [...] Dès qu'un individu pose le pied dans une caserne, se produit le même phénomène que dans un commissariat. (Il devient complètement idiot, s'il ne l'était pas auparavant...) Au reste, opposerait-il la moindre résistance à cette œuvre de crétinisation qu'il ne tarderait pas à se voir intimer l'ordre de jeter son intelligence à la poubelle ou de redevenir un vulgaire, un ignoble civil. C'est donc une affaire réglée : les militaires de carrière sont affligés d'un crétinisme hyperbolique. » Après cette introduction toute en nuance, Brassens s'adresse à un général américain qui suggérait la construction d'une ville pour y tester à loisir l'arme atomique : « Édifier une ville nouvelle. Quel raffinement dans la stupidité. Mais bon sang général Kepner, à quoi bon se casser la tête, à quoi bon engloutir des milliards dans la construction de maisons modernes alors qu'il se trouve encore sur le sol de l'Europe caduque des villes que la guerre n'a même pas daigné effleurer ! Cette ville, persuadez-vous-en bien, se réjouirait d'un pareil honneur. [...] Il y a encore tellement de héros ici-bas. Tellement d'êtres humains disposés à se sacrifier pour le bien de l'humanité. À mourir pour que le monde vive. » L'ironie acérée ne laisse planer aucun doute : Georges Brassens est contre la guerre, contre toutes les guerres.

Quand il écrit ces articles, Brassens a vingt-cinq ans. Le Brassens que le public découvrira cinq ans et demi plus tard est déjà tout entier dans cet épisode journalistique. Ses lectures, ses réflexions sur ces thèmes majeurs feront que plus tard, dans ses chansons, Georges Brassens nuancera son expression, mais non sa révolte, non ses indignations, non ses refus. L'outrance se situera plus dans l'humour. Le ton sera moins péremptoire, les accents moins acerbes. Toujours aussi claires, ses opinions apparaîtront en filigrane.

La lune écoute aux portes

Possiblement imprimé sur les presses du journal *Le Monde Libertaire*, auquel Brassens ne collaborait plus depuis quelques mois, mais au sein duquel il avait conservé quelques amis, ce court roman est autoédité en 1947. Seuls une cinquantaine d'exemplaires sont imprimés. Le titre initial de cet écrit auquel Georges Brassens travaille depuis longtemps était *Lalie Kakamou* ; tout un programme puisque, d'après son ami Victor Laville, il s'agissait à l'origine de l'histoire d'un étron fumant... Il change une première fois le titre, qui devient provisoirement *Si les lièvres avaient des fusils, on n'en tuerait pas tant.* Prenant conscience de son « trivialisme systématique », il avoue à son ami Roger Toussenot dans une lettre du 18 janvier 1947 qu'il « ne pratique plus ce genre ». Le 25 juin, au même Roger Toussenot et à propos de *La lune écoute aux portes*, Brassens avoue : « [...] Il ne m'est pas possible d'avoir l'air sérieux. Si je tentais de démontrer quoi que ce soit, j'échouerais lamentablement. J'aime me mouvoir dans le merveilleux, l'enfantin apparent, créer des images qui cachent des valeurs de contrebande. Quand j'énonce une vérité, c'est par hasard, par accident, malgré moi. Comme tu le dis : j'idolâtre la moquerie. [...] »

Dans ses notes sur Georges Brassens qui couvrent la période 1952-1954[1], Roger Toussenot écrit: «J'ai relu (en quelques minutes, car c'est vraiment court) *La lune écoute aux portes* de Brassens. Commencement possible d'un monde. Style parfaitement articulé, net et sans surcharge poétique. Sens de l'humour et d'un certain rythme burlesque. Influence du dessin animé et de la tendre cruauté de Chaplin. Mais l'auteur devrait se méfier de la trivialité facile (dont il se sert aristocratiquement d'ailleurs). Il faut que je lui écrive.»

Le premier titre, finalement abandonné, illustre sans équivoque que Brassens, même adulte, pouvait ne pas renoncer à quelques accents scatologiques. Cet esprit potache se manifeste de temps à autre et à nouveau dans ce récit. Mais le sens du canular, de la farce prédominent dans ses 11 chapitres courant sur 46 pages. Du reste, la couverture donne le ton, puisque le sigle de la NRF y figure abusivement et en bonne place; avec une mention: «Bibliothèque du Lève-Nez». Il va même jusqu'à en adresser un exemplaire aux éditions Gallimard et, dans sa lettre d'accompagnement, précise: «Je n'ai pas voulu vous faire perdre un temps précieux, certain par avance de votre accord.» L'histoire ne dit pas si ce récit fut lu par cet éditeur prestigieux; il y aurait découvert qu'au chapitre VII il était traité de voleur monstrueux! Décidément, les années de vache maigre n'ont pas privé Georges Brassens de son sens de l'humour et de son goût pour la farce et la provocation. Peut-être fut-il déçu de ne susciter aucune réaction?

1. Dossier «Fragments» *in* Georges Brassens, *Lettres à Toussenot*, Textuel, 2001.

La dédicace à Lise Deharme[2] ne prend toute sa saveur que si l'on sait que ce monsieur Parsons était le directeur du magasin de vêtements Old England situé boulevard de la Madeleine. Tout au long des pages sont évoquées nombre de personnalités se situant, à cette exception près, dans le domaine des lettres. Certaines sont tombées dans la trappe de l'oubli. Elles sont toutes plus ou moins malmenées par l'humour caustique allant jusqu'à la verve vipérine de l'auteur. Ainsi, André Gide « qui cédait à un confiseur d'avant-garde les quelque cent grammes de sucre journellement fournis par ses excrétions diabétiques [...] ». Ainsi Michel Leiris, « ce poète activement et vainement recherché par toutes les polices de France et de Navarre pour s'être livré au trafic clandestin des compères-loriots et avoir initié des fillettes aux rapports sexuels résolument malpropres [...] ». Ainsi François Mauriac, prétendument « président de la secte des masturbateurs frénétiques ». Plus loin, Georges Brassens décrit un appartement : « Un véritable muséum empli d'objets hétéroclites provenant d'hommes de pensée. Crâne de Racine, dernière diarrhée de Hugo, linge périodique de George Sand, morceau de chair pourrie de la cuisse de Rimbaud, patte du homard familier de Gérard de Nerval, cure-dent d'Alfred Jarry, plaque muqueuse de Baudelaire, pirouette de Charles Cros, crachat de Valéry, testicule d'Éluard, vomissement de Musset, vinaigrette de Pascal, urine de Heredia, sperme de Verlaine, perte blanche de Raymonde Machard, mucus nasal de Maeterlinck, tétin de la comtesse de Noailles, poux de Moréas, anus de Jean Cocteau, etc., etc. »

2. Voir notice biographique, page 199.

À l'évidence et comme il le disait, Brassens idolâtrait bien la moquerie. *La lune écoute aux portes* doit être lue par celui qui souhaite faire plus ample connaissance avec un dénommé Georges Brassens.

Les amoureux qui écrivent sur l'eau

Cette longue pièce de théâtre poétique ne sortira des tiroirs qu'en 1954 lorsque les éditions Denoël la publieront en seconde partie du livre *La mauvaise réputation.* La première partie regroupe les textes des quinze premières chansons enregistrées par Georges Brassens. Le titre originel de cette pièce était *Les amoureux qui écrivent sur l'eau ont une âme soignée.* Cet aphorisme dut sembler constituer un titre trop long puisqu'il fut tronqué par son auteur. Alphonse Bonnafé, son ancien professeur de français, qualifiera *Les amoureux qui écrivent sur l'eau* de féerie-sotie. Une sotie est une farce satirique que jouaient des acteurs nommés « sots » ou « fous ». Très répandues aux XIVe et XVe siècles, ces pièces étaient fondées sur la satire drolatique de la société et de ses mœurs.

Dans une lettre à son ami Toussenot, en date du 26 novembre 1949, Brassens résume les choses ainsi : « Commencé l'année dernière (juin 1948), ce poème ne comptait que 250 vers en janvier 1949, au moment du départ de Corne d'Aurochs. En juin, lors de ta première venue de l'année, j'arrivais à 1 000 vers. Et en septembre, poussé par ma fureur destructrice, j'ai entièrement bouleversé cette œuvre qui allait devenir en quatre semaines (et pour mon plus grand plaisir) une sorte de pièce féerique injouable allant jusqu'à près de 5 000 vers. Dire que j'en suis satisfait serait abusif (au reste, tu le sais, rien ne me comble). [...] Le principal défaut réside, à mon sens, dans le manque de caractère des personnages. Parti pour une œuvre lyrique, j'ai changé de voie et je n'ai pas eu la possibilité de bien étudier mes héros. »

En effet, la gestation de cette pièce semble avoir été laborieuse. À l'époque, Georges Brassens mène de front trois projets d'écriture : « Des idées me pèsent et je me sens contraint de m'en libérer. J'ai trois œuvres en chantier – à l'exclusion des *Jeunes amoureux* : 1 *Mon grand-père dans son figuier* qui est un truc de la même veine que *La lune écoute aux portes*. J'ai déjà écrit vingt pages. Ce personnage – mon grand-père – est vu d'une façon inévitablement burlesque et inventée. 2 *La maison de Jeanne*, de la même veine encore. Personnages : Jeanne[1], Marcel[2], Corne d'Aurochs, Toussenot et moi-même. Et puis des chats en veux-tu en voilà ! 3 *L'enterrement de Joha*, rien de commun avec les autres œuvres. Quelques images fantastiques, au sens littéral. » Dans une lettre à ce même Toussenot datée du 21 mars 1949, Brassens fait une longue description de ce troisième projet, qui semble avoir été imaginé à la manière d'un scénario de film. Outre ces trois ébauches qui ne verront jamais le jour sans que l'on sache leur degré d'aboutissement, Brassens travaillait également à l'écriture d'une *Anthologie de la poésie*, ce qui le conduisait à relire de nombreux poètes, allant parfois jusqu'à se replonger dans l'œuvre entière de tel ou tel.

L'écriture des *Jeunes amoureux qui écrivent sur l'eau* est donc maintes fois interrompue : « *Les jeunes amoureux*... sommeillent. Je ne fais rien en une seule fois. Je travaille

1. Jeanne Le Bonniec. Voir note biographique, page 197.
2. Marcel Planche, *ibid.*, page 204.

lentement. Il me faut oublier mon état d'âme initial pour apporter à mon œuvre quelque ombre nouvelle. » Georges Brassens avoue aussi : « Je voudrais ne jamais terminer *Les jeunes amoureux qui écrivent sur l'eau*. C'est toute notre enfance que je mets là-dedans. » Et puis, l'idée de la chanson ne l'avait pas quitté pour autant ; parallèlement à toutes ses activités littéraires, il tenta donc de placer les chansons qu'il a déjà écrites.

Dans *Les amoureux qui écrivent sur l'eau* apparaissent tout d'abord quatre nymphes : la *nymphe de la mer Baltique* (inspirée à coup sûr par Joha Heiman, la compagne de Brassens, native d'Estonie), la *Vénus hottentote* (« sculpturale nymphe d'ébène »), *Yamuba-pied-menu* (« nymphe des îles japonaises »), *Égérie Tomahawk* (« nymphe peau-rouge au chef empenné »). Y évoluent également deux chats : *Maître Mitis*[3] et *Grippeminaud*[4], le *coq Brahmapoutre*, le *Spectre de Corne d'Aurochs* (son ami d'enfance, Émile Miramont), *Jeanne de Bretagne* (qui n'est autre que Jeanne Le Bonniec, la Jeanne de la chanson) et le *Nain onguent miton mitaine*. Enfin, le *factotum* (« Jean-Pierre »), le *charmant disciple d'Apelle*[5], *Mademoiselle trois étoiles* et *Aline Fanchon* constituent les quatre premiers jeunes amoureux. Les trois autres peuvent aisément être identifiés comme faisant partie de ses familiers des années 1940. Il y a d'abord

---

3. Emprunt à Jean de La Fontaine, Livre III, Fable 18, *Le chat et un vieux rat*.

4. Emprunt à Jean de La Fontaine, Livre VII, Fable 16, *Le chat, la belette et le petit lapin*.

5. Peintre grec du IVᵉ siècle av. J.-C., à la cour d'Alexandre puis à celle de Ptolémée.

Huon-de-la-Saône[6] (Roger Toussenot) ; vient ensuite *Robin-pêche-en-eau-de-boudin* (Armand Robin[7]) ; et enfin apparaît le *vieux prophète de Cormeilles* (Marcel Lepoil[8]). Sans compter d'autres personnages secondaires.

Les jeunes amoureux qui écrivent sur l'eau est construit comme une pièce de théâtre avec description des décors et indications de mise en scène. Les dialogues sont en vers libres au début, puis Brassens soumet ses vers à un plus grand classicisme. Les digressions sont nombreuses. Le fantasque côtoie l'inattendu en permanence.

Beaucoup plus tard, il confiera : « *Les amoureux qui écrivent sur l'eau*, voilà le décor habituel de mes pensées, de mes inspirations. »

---

6. Roger Toussenot fut aussi surnommé un temps *Huon-de-la-Bièvre*. Ces deux surnoms font immanquablement penser à *Huon de Bordeaux*, cette chanson de geste du Moyen Âge.
7. Ami anarchiste d'origine bretonne que Brassens rencontra au milieu des années 1940 à la Fédération anarchiste et auquel il resta attaché. Lui-même poète, Armand Robin était polyglotte et traducteur de poètes russes, dont Boris Pasternak, et de bien d'autres auteurs de nombreuses nationalités différentes.
8. Marcel Lepoil était chauffagiste de profession et collaborait, comme Brassens, au journal *Le Monde Libertaire*.

La tour des miracles

À la fin des années 1940, Brassens n'a de cesse d'écrire et il achève ce roman en septembre 1950. Parallèlement, il a largement commencé l'écriture de ses chansons, auxquelles il décide finalement de se consacrer. Le 18 novembre 1950, il écrit à son ami Toussenot: «[...] Moi, j'ai pondu *La tour des miracles*, un livre qui est une exploitation de *La lune écoute aux portes*. En outre, j'ai composé une dizaine de chansons [...]. Je vais bientôt tenter de gagner ma prétendue vie.»

À son apparition sur scène en février 1952, son succès instantané l'absorbe entièrement. Désormais connu, il est sollicité par les jeunes démarcheurs des éditions J.A.R. (Jeunes Auteurs Réunis) pour être publié. Il se laisse convaincre et reprend le manuscrit de *La tour des miracles*, qui paraît en juin 1953. Il jugera par la suite cet ouvrage non abouti et ne souhaitera pas revenir sur cet écrit de jeunesse. En 1954, Brassens remarque: «*La tour des miracles* que personne n'aime parce que ça diffère tellement de mes chansons que le public est décontenancé en le lisant... Or, c'est vraiment moi *La tour des miracles*. Le reste, c'est de la littérature.» Dans ses carnets, il note en février 1969: «*La tour des miracles* est une *Alice au pays des merveilles* pour abominable homme des neiges.»

Voici ce qu'en diront ses amis. Victor Laville : « Il s'agit d'une sorte d'autobiographie fantaisiste et déconstruite, pleine d'humour et de provocation, mais à la couleur nettement surréaliste, qui se situerait quelque part entre *Père Ubu* et Pierre Dac. » André Vers[1] : « Il récrivit totalement ce livre-canular (*La lune écoute aux portes*) sous le titre *La tour des miracles* qui contient en germe bon nombre de ses chansons. Il en développa le *nonsense*, le goût de l'absurde mais, en revanche, il tempéra les allusions (douteuses) aux personnalités, ce qui améliora nettement son texte, digne de figurer en bonne place dans les anthologies surréalistes. » Et René Fallet : « Dans *La tour des miracles* vit une bande de gaillards des plus délirants, cousins des héros assoiffés du *Tortilla Flat* de Steinbeck. »

Dans ce roman, l'humour est présent à chaque page, tour à tour provocateur, caustique, paillard, frisant parfois le mauvais goût. On ne peut guère y trouver de fil conducteur, mais l'on présume que Brassens s'est bien amusé en l'écrivant, ne se fixant aucune limite dans le délire, servi par une imagination foisonnante. Les trouvailles y sont innombrables. Les personnages sont pour la plupart plus qu'improbables. Les situations, à tout le moins cocasses, sont presque toujours invraisemblables. C'est pourquoi il paraît difficile de vouloir classer ce roman dans un genre particulier. Empreint d'une certaine satire sociale, il relève à la fois de la farce de carabins, d'un surréalisme paroxystique et du canular dont ceux qui ont conservé l'esprit potache s'amusent.

Nombre de thèmes et d'expressions présents dans cet ouvrage se retrouveront plus tard dans son répertoire de chansons. Et déjà l'emploi de la langue est irréprochable,

1. Voir notice biographique, page 205.

le style enlevé. Son écriture vient en contrepoint du sujet, ce qui demeurera un des traits du « style Brassens ». Pour preuve, l'emploi de vocables désuets ou très largement inusités : aîtres, bourrelle, colliger, éminentissime, essorillement, fondante des bois, gobelin, havresac, ladre, laisse-tout-faire, obvier, onychophage, ostéologue, panicule, panspermiste, péripatétique, quinaude. Il en va de même de certaines locutions ou expressions : à la boulevue, avoir un bœuf sur la langue, pierre de scandale, poire d'angoisse, réduit à quia.

Si Georges Brassens utilise quelques références mythologiques, grecques ou romaines (lares, lémure, lit de Procuste), deux mots italiens (camorra, pupazzi), il se distingue aussi par des références littéraires ou historiques :

- Margot et Caquet-bon-bec (*in L'aigle et la pie* de Jean de La Fontaine).
- Renard Gascon (*in Le renard et les raisins* de Jean de La Fontaine).
- Pierre du pet-au-diable (borne sculptée située devant l'hôtel de mademoiselle de Bruyères et dont la disparition fut imputée à François Villon).

Cela ne l'empêche en aucune manière d'user de néologismes (*miraclifique*, *muralesque*, *piquassiettisme*), d'acronymes de son invention (*SOMF : Secte occulte des masturbateurs frénétiques, SPMH : Société de propagation des maladies honteuses*). À partir de l'ancien juron *jarnidieu*, il crée une myriade de nouveaux jurons : *jarniprobité*, *jarnicoutume*, *jarnimuraille*, *jarnibougnat*, *jarnilignum*, *jarnicordon*, *jarnicorne*, *jarnicomestible*, *jarnibourdalou*, *jarnifesse*, *jarnipoubelle*, *jarniconjugo*, *jarnifleurdelis*, *jarnipostère*, *jarnilibitine*, *jarnipute*, *jarnipoignet*, *jarnifigue*, *jarniborne*, *jarnifumiste*, *jarnidents*, *jarnirêve*, *jarniroutine*, *jarnirevenants*, *jarniclochedebois*, *jarninoir-de-fumée*, *jarnimatrice*. La déclinaison à partir du juron *ventredieu* est moins étendue : *ventre-saint-figue*, *ventre-saint-fesses*.

Dans ce roman figure aussi le texte d'une chanson jamais enregistrée et construite sur le même mètre que le poème de Gustave Nadaud, *Carcassonne*. Du reste, Georges Brassens l'introduit ainsi : « Parodie de la touchante poésie *Il n'a jamais vu Carcassonne*, courut bientôt la chansonnette que voici : *Il n'a pas eu la chaude-pisse* ». Les paroles en sont assez désopilantes. On y voit fleurir (c'est le cas de le dire) le mot tréponème qui illustre son souci et son goût du mot précis, sans redouter son caractère inusité. En voici quelques vers :

Depuis ma venue ici-bas
Rien ne me fut propice.
Mon vœu ne s'accomplira pas,
Je n'ai jamais eu la chaude-pisse.
[…]
Si je pouvais trouver pourtant
Quelque obligeant qui me la glisse,
Mon Dieu que je mourrais content
Si j'avais eu la chaude-pisse.
[…]
Ma fille a connu de l'action
Du Tréponème les délices.
Mon épouse a eu des morpions,
Je n'ai pas eu la chaude-pisse.
[…]
Ainsi traduisait son émoi
Un honnête habitant de Vienne.
Je lui dis : « Ami, suivez-moi,
Je m'en vais vous passer la mienne. »
On s'accoupla le lendemain,
Mais que le bon Dieu le bénisse

Il mourut à moitié chemin,
Il n'a pas eu la chaude-pisse.

Dans *La tour des miracles*, l'on retrouve les mêmes trois amis de Brassens sous des sobriquets légèrement modifiés. Roger Toussenot devient *Huon-de-la-Bièvre*[2]. Émile Miramont est désormais affublé du surnom de *Corne d'Aurochs*, qui deviendra fameux avec la chanson éponyme. Armand Robin est dorénavant surnommé *Robin-la-liste-noire*[3].

D'autres personnages aux noms encore plus surprenants apparaissent : *Annie Pan-pan-pan*, *Broute-figue*, *Chenille funambulesque*, *Cocu de porte cochère*, *Cogne-fétu*, *Courtes-pattes*, *Face à fesses*, *Gibier de croupe charnue*, *Grippe-fromages*, *Harpe éolienne*, *Luc de jatte honorifique*, *Margot-caquet-bon-bec*[4], *Passe-lacet*, *Pierreuse de fortifs*, *Pupazzi*[5] *de pacotille*, *Pile-face*, *Portier de basse-porte*, *Portier de porte dérobée*, *Portier de porte ouverte*, *Suborneuse de soutanes*, *Voirie-Voirie*.

Entre l'écriture de *La tour des miracles* et son apparition sur scène, Brassens tente, à maintes reprises mais toujours en vain, de faire accepter ses chansons qu'il souhaitait être interprétées par d'autres. Ses recherches infructueuses le conduisent presque à renoncer. Pourtant le répertoire dont il dispose en 1952 est impressionnant : plusieurs

---

2. Probablement à la suite d'un changement d'adresse.
3. Revenu anticommuniste d'un voyage en URSS, Armand Robin fut de ce fait placé sur la liste noire du Comité national des écrivains, constitué à l'instigation du PCF et largement dominé par des intellectuels sectaires.
4. Jean de La Fontaine, Livre XII, Fable 11, *L'aigle et la pie*. Brassens fait ici une contraction puisque Margot était le nom populaire souvent donné à la pie et Caquet-bon-bec celui donné à la poule.
5. Mot italien signifiant marionnettes.

dizaines de chansons que nous connaissons sont d'ores et déjà prêtes. Ces écrits de jeunesse, Brassens les reniera pour la plupart. Une seule chose le préoccupe désormais : la chanson. Il s'y consacrera entièrement, prenant autant de plaisir à l'écriture des textes qu'à la composition des musiques qui les accompagnent.

III

L'HOMME QUI RIT, QUI ÉCRIT ET QUI CHANTE

Georges Brassens estimait que les thèmes « littéraires » ne sont pas si nombreux et que, par exemple, l'amour, l'amitié, la fraternité n'en constituent qu'un seul. Il estimait les avoir à peu près tous traités. Sans vouloir resituer son répertoire dans ces différents thèmes, il apparaît intéressant de considérer comment l'humour s'est introduit dans les différents registres de son répertoire. Tenter une classification de ses chansons est, à coup sûr, une opération hasardeuse, tant certaines d'entre elles abordent plusieurs sujets sans que l'un prenne nécessairement le pas sur l'autre.

L'amour sublimé

Certains mouvements féministes ne désarment pas et considèrent Brassens comme le dernier des misogynes. C'est le cataloguer un peu vite. Ce jugement relève sans doute d'une connaissance très partielle de son œuvre. Sur sa prétendue misogynie, il s'en était expliqué ainsi : « Je pense précisément être à peu près le seul chanteur qui ait presque toujours déifié la femme, à deux ou trois exceptions près. [...] Dans la chanson, je m'octroie tous les droits. Dans la vie, non, ce n'est pas pareil. » Il suffit de se concentrer sur les paroles de *Saturne* ou de *La non-demande en mariage* pour mesurer le respect que Georges Brassens portait aux femmes. Il est utile de prêter une oreille un tant soit peu attentive à *Chansonnette à celle qui reste pucelle* ou encore de bien écouter *Le blason* pour réviser ce verdict expéditif. Sur un mode plus léger que ces titres-là, bien d'autres chansons attestent de son opinion vis-à-vis des femmes.

Rien à jeter

Brassens l'avoue dans plusieurs chansons (*oncle Archibald*, *Vénus callipyge* et *La fille à cent sous*), il a une nette prédilection pour les femmes plantureuses. Mais comme souvent, il préfère sous-entendre. Et c'est avec une justification très originale qu'il loue un tour de taille généreux :

Sans ses hanches solides
Comment faire demain
Si je perds l'équilibre
Pour accrocher mes mains ?

Mais point trop n'en faut et la pudeur reprend le dessus :

Elle a mille autres choses
Précieuses encore
Mais, en spectacle, j'ose
Pas donner tout son corps.

Et que les voyeurs passent leur chemin :

Des charmes de ma mie
J'en passe et des meilleurs.
Vos cours d'anatomie
Allez les prendre ailleurs !

Inspiré peut-être par *Tout entière*, un poème de Charles Baudelaire, Brassens exprime, dans un style plus familier et plus facétieux, l'indivisibilité de la femme aimée, puisque :

Tout est bon chez elle, y'a rien à jeter,
Sur l'île déserte il faut tout emporter.

La fille à cent sous

Pour mieux exalter la rencontre de deux êtres, Brassens en rajoute dans le sordide. Maupassant n'aurait pas renié ce récit, sauf qu'ici la fin en est plus heureuse que dans bien des *Contes et Nouvelles*. Relatée dans cette chanson, une rencontre improbable prête déjà en elle-même à sourire, puisqu'elle est le fruit d'une vente inimaginable. L'emploi du « je » donne du crédit à cette histoire dans laquelle les adjectifs et substantifs dépréciatifs abondent : ivrogne, immonde, infâme, soûlaud. Cette accumulation, figure d'amplification fréquente chez lui, vient en opposition à cette espèce de tendresse qui, au final, apparaît dans ce récit. Cette exagération recèle un pouvoir drolatique indéniable. Tout comme l'hyperbole dont use Brassens pour avouer son goût pour les femmes bien enveloppées :

« Remball' tes os, ma mie, et garde tes appas,
Tu es bien trop maigrelette,
Je suis un bon vivant, ça n' me concerne pas
D'étreindre des squelettes.

Mais rien n'est définitif et l'amour peut être frappé de cécité :

« J' suis pas bien gross', fit-ell', d'une voix qui se nou',
Mais ce n'est pas ma faute… »
Alors, moi, tout ému, j' la pris sur mes genoux
Pour lui compter les côtes.

Et puis l'avant-dernier couplet contient une rime (croisée et riche de sa consonne d'appui) assez savoureuse : thune/fortune.

Vénus callipyge

Qui utilise encore cet adjectif « callipyge » (qui a de belles fesses), venu du grec ? En dix strophes de quatre alexandrins chacune, voici une ode consacrée à la partie la plus rebondie du corps d'une femme. À mille lieues de la vulgarité qui entache souvent les réflexions à ce sujet, Brassens use de périphrases et d'images particulièrement élégantes qui remplacent avantageusement le vocable qu'elles sous-entendent :

Que jamais l'art abstrait, qui sévit maintenant,
N'enlève à vos attraits ce volume étonnant.
[…]
Votre dos perd son nom avec si bonne grâce
Qu'on ne peut s'empêcher de lui donner raison.
[…]
Pour obtenir, madame, un galbe de cet ordre…

Le ton est assez précieux, renforcé par l'emploi du « vous », à l'instar des *poètes de race* auxquels l'auteur regrette de ne pas appartenir. Quoique… Ici, le rire n'est pas tonitruant, mais le sourire est permanent car l'inspiration est joyeuse, les métaphores inventives :

Ne faites aucun cas des jaloux qui professent
Que vous avez placé votre orgueil un peu bas.
[…]
En le voyant passer, j'en eus la chair de poule,
Enfin je vins au monde et, depuis je lui voue
Un culte véritable et quand je perds aux boules,
En embrassant Fanny je ne pense qu'à vous.

Le détournement d'expressions, dont Brassens est coutumier, y a toute sa place :

La loi d' la pesanteur est dur', mais c'est la loi. (La loi est dure, mais c'est la loi.)
Voir votre académie, Madame, et puis mourir. (Voir Venise et mourir.)
Que vous présumez trop, en somme, de vos fesses… (Présumer de ses forces.)

La cinquième strophe est une allusion directe à la chanson paillarde *Le duc de Bordeaux* dont Brassens reprend le début tout en le modifiant.

Brave Margot

Chronique villageoise d'un autre temps que cette jeune et innocente bergère allaitant son chat. Tous les personnages habituels de l'univers de Georges Brassens sont là. Le croquant répand la nouvelle, le facteur en oublie sa tournée, les enfants de chœur quittent l'église pour assister au spectacle, etc. Même les gendarmes (*qui sont par nature si ballots*) sont sensibles à la scène. Cachez ce sein que je ne saurais voir ! Dans ce tableau aussi charmant que fictif, la naïveté de Margot prête à sourire. N'ayant trouvé d'autre coussin que son sein, c'est malgré elle qu'elle allaite le chaton.

Chez Brassens, l'emploi d'un mot est toujours réfléchi et jamais la nécessité d'une rime ou le nombre de syllabes requis ne le contraignent à un choix qui, sur le plan sémantique, ne le satisferait pas. *Pour donner la gougoutte à son chat* – s'il emploie ce diminutif familier de *goutte*, c'est surtout pour nous faire rire. Car c'est souvent là son but. Et l'exagération y contribue. *Quand Margot dégrafait son corsage*, la vie s'arrête au village. Toute la gent masculine n'a plus que ça en tête !

Embrasse-les tous

Pour souligner le grand nombre d'amants de cette amoureuse effrénée, tout dans cette chanson relève de l'hyperbole :

> *Tu frottes ta joue à toutes les moustaches...*
> *Cœur d'artichaut, tu donn's un' feuille à tout l'monde...*
> *Jamais moulin n'avait été autant fréquenté...*
> *Des grands aux p'tits en allant jusqu'aux Lilliputiens...*
> *En marquant dessus « Fermé jusqu'à la fin des jours »...*

Cette exagération manifeste du nombre et de la durée confère un ton humoristique et vient à point nommé pour introduire la chute de cette chanson :

Les fill's, quand ça dit «Je t'aime»,
C'est comme un second baptême,
Ça leur donne un cœur tout neuf,
Comme au sortir de son œuf.

L'accumulation (fredaines, guilledous, prétentaines, écarts, grands écarts) vient aussi à la rescousse de la démonstration finale. Tout est pardonné car la sincérité de la femme qui dit «je t'aime» n'est pas mise en doute.

Une fois encore, les expressions détournées ne manquent pas de sel:

En marquant dessus «Fermé jusqu'à la fin des jours
Pour cause d'amour» (Fermé pour cause de décès)
Jusqu'à ce qu'amour s'ensuive (Jusqu'à ce que mort s'ensuive)
Passe-les tous par tes charmes (Passer par les armes).

La femme d'Hector

A priori cet hommage à la femme d'un ami ne constitue pas un sujet susceptible de déclencher l'hilarité. Plutôt que de multiplier les adjectifs et d'abuser de superlatifs, Brassens use de figures de style qui rendent cette chanson assez gaie et la démonstration convaincante. L'hyperbole tout d'abord, ce grossissement du trait qui incite à sourire:

Quelle est celle qui, prenant modèle
Sur les vertus des chiens fidèl's,
Reste à l'arrêt devant la porte[1]
En attendant qu'on en ressorte?
[...]
Quelle est cell' qui r'mu' tout Paris

1. Il s'agit de la porte de la prison de la Santé.

Pour qu'on lui fasse, au plus bas prix,
Des funérailles gigantesques,
Pas nationales, non, mais presque ?

Ensuite, l'accumulation dans le refrain de ces dix prénoms pour la plupart tombés en désuétude (Bertrand, Gontran, Pamphile, Firmin, Germain, Benjamin, Honoré, Désiré, Théophile, Nestor), constituant la liste comparative et exhaustive des épouses des amis, prouve que l'on a fait le tour de la question. C'est bien la femme d'Hector qui emporte les suffrages. Autre accumulation que celle de ces épithètes tout à fait surannées (balourds, fesse-mathieux, paltoquets, bobèches, foutriquets, pimbêches). Tout cela renforce le caractère intemporel de la chanson et participe de l'engouement que l'on éprouve à notre tour à l'égard de la femme d'Hector.

Et toujours quelques expressions détournées par Georges Brassens. Elles servent le texte avec brio et sont autant de mots d'esprit destinés à nous amuser :

Que sans écho, dans les cours,
Nous hurlons à l'amour… (Hurler à la mort)

Ne jetons pas les morceaux
De nos cœurs aux pourceaux… (Jeter des perles aux pourceaux)

Perdons pas notre latin
Au profit des pantins… (C'est à y perdre son latin)

L'amour désenchanté

L'amour ne va pas sans aléas et Brassens le savait très bien, lui qui chanta les amours fugitives, les amours contrariées, les amours finissantes, les amours décevantes. Il s'en expliquait ainsi : « Je trouve que les chansons ne sont pas très jolies quand l'amour est éternel, parce que c'est fini. La fin joyeuse, la fin heureuse, c'est fini. Moi, j'aime bien qu'il y ait quand même des accidents, que l'amour ne soit pas éternel ; du moins dans les chansons. [...] Je n'aime pas que l'amour se passe tout à fait naturellement parce que, à ce moment-là, il n'y a pas lieu d'en parler. »

Marinette

L'amoureux dont cette chanson nous relate les déboires arrive toujours en retard bien qu'il n'arrête pas de courir ; comique de situation s'il en est. Mais ce n'est pas parce que Brassens emploie le « je » qu'il s'agit pour autant d'un récit autobiographique. On a souvent une tendance fâcheuse à rire au détriment d'autrui, surtout quand autrui passe pour un con ; trop content que cette avanie nous soit épargnée. L'humour de cette chanson réside aussi dans le décalage des circonstances qui nous sont décrites, toujours au détriment du narrateur :

Quand j'ai couru chanter ma p'tit' chanson pour Marinette,
La belle, la traîtresse était allée à l'Opéra...

[…]
Quand j'ai couru porter mon pot de moutarde à Marinette,
La belle, la traîtresse avait déjà fini de dîner…
[…]
Quand j'offris pour étrenn's un' bicyclette à Marinette,
La belle, la traîtresse avait acheté une auto…

Georges Brassens éprouvait-il quelque sympathie à l'égard de ce galant qui ne peut finir que désenchanté par tant de malchance ?

Sale petit bonhomme

Vaste sujet que les amours finissantes… À ce couple qui se désunit, Brassens adjoint un troisième personnage. En l'occurrence, il fait revêtir à Cupidon le costume d'huissier, profession honnie accompagnant souvent les accidents de la vie. Ayant recouvré tout son fourbi et s'immisçant au-delà de la bienséance, Cupidon fait la leçon aux amoureux. Il les incite à ne pas confondre amour et bagatelle. De quoi je me mêle ? La nostalgie et la tristesse sont cependant adoucies par de nombreuses images poétiques.

Tout en faisant allusion au roman d'Henri Bernardin de Saint-Pierre, Georges Brassens nous fait sourire en prétendant presque toujours oublier le nom de l'héroïne. Serait-ce une habitude chez lui qui se plaint de ces mêmes trous de mémoire dans *Le bulletin de santé* ?

Enfin, pour bien montrer qu'il faisait table rase,
Il effaça du mur l'indélébile phrase :
« Paul est épris de Virginie. »
De Virgini', d'Hortense ou bien de Caroline,
J'oubli' presque toujours le nom de l'héroïne
Quand la comédie est finie.

La dernière strophe, telle une pirouette, vient atténuer le tragique de cette histoire. Le narrateur avoue que seule la nécessité d'écrire une chanson lui a fait conserver cet épisode en mémoire :

Et j'aurais sans nul doute enterré cette histoire
Si, pour renouveler un peu mon répertoire,
Je n'avais besoin de chansons.

Les ricochets

Ici, comme dans *L'amandier*, le baiser promis tient lieu de monnaie d'échange. Amours fugitives dont la fin prématurée attriste naturellement le personnage de cette chanson. Une fois encore Georges Brassens se met en scène. D'emblée, il veut rassurer Balzac de ne pas craindre sa concurrence. Puis, il ne peut se dispenser d'aller saluer Apollinaire au pont qui porte son nom. Après cette introduction littéraire vient l'activité bien plus prosaïque d'enseigner l'art des ricochets. L'apprentissage de *la belle volage* achevé, celle-ci se perche sur un ricochet pour traverser le fleuve. Vous imaginez la scène ! Qui plus est, le rival habite la rive droite… déshonneur suprême !

Ce jeune ingénu, victime d'une belle ingrate, nous fait part de sa peine. Mais, d'une pudeur définitive, il masque sa tristesse dans l'exagération. L'avant-dernière strophe n'est qu'une succession d'hyperboles réjouissantes :

J'en pleurai pas mal,
Le flux lacrymal
Me fit la quinzaine.
Au viaduc d'Auteuil
Paraît qu'à vue d'œil
Grossissait la Seine.
Et si, pont d' l'Alma,

J'ai pas noyé ma
Détresse ineffable,
C'est qu' l'eau coulant sous
Les pieds du Zouzou
Était imbuvable.

P… de toi

La première strophe illustre sans détour les conditions de dénuement dans lesquelles vivait Georges Brassens avant que le public ne le découvre et que le succès ne l'atteigne. Cette fois-ci, l'emploi de la première personne du singulier est pleinement justifié. La femme dépeinte dans la chanson a bel et bien existé. Privilège de l'auteur, des libertés ont sans aucun doute été prises avec la réalité. Si le contexte de cette chanson est teinté d'amertume, l'humour ne perd pas ses droits pour autant.

Un soir de plui', v'là qu'on gratte à ma porte,
Je m'empresse d'ouvrir (sans doute un nouveau chat!).

Ces deux vers illustrent l'isolement relatif du narrateur et l'inattendu de cette rencontre. On retrouve dans *L'orage* ce fantasme de la femme qui, par mauvais temps, vient chercher refuge. Notons qu'à l'époque de cet épisode à l'origine de la chanson, Brassens était hébergé chez un couple ami entouré de chiens perdus, d'animaux inattendus dans Paris (cane, buse, corbeau, etc.) et de chats recueillis :

Fort heureus'ment pour moi, t'avais pas de moustache
Et ta vertu ne pesait pas trop lourd.

Souriante manière de dire que la belle était assez mignonne et atteinte de *fureur utérine*.

L'avant-dernière strophe est une diatribe vengeresse dotée d'une rime inoubliable :

Le comble enfin, misérable salope,
Comme il n' restait plus rien dans le garde-manger,
T'as couru sans vergogne, et pour une escalope,
Te jeter dans le lit du boucher !

Si seulement elle était jolie

C'est l'outrance qui prédomine dans cette chanson, au seul prétexte de provoquer les rires et de donner du grain à moudre aux féministes. Tous les clichés concernant la femme y passent : maigre, méchante, ignorante, piètre cuisinière, infidèle. Le moins que l'on puisse dire, c'est que cette femme n'est pas très gâtée ! De plus, aucun de ces travers n'est compensé par une beauté incontestable…

Si seul'ment elle était jolie,
Je dirais : « Tout n'est pas perdu…
Elle m'empoisonn', c'est entendu,
Mais c'est une épouse modèle. »

Bien qu'un artiste n'ait pas à se justifier sur son œuvre, on demanda souvent à Georges Brassens de s'en expliquer. Interrogé maintes fois sur son opinion à propos de la femme, il déclara notamment : « Il m'est arrivé parfois d'écorcher les femmes un peu plus que j'en avais envie parce que ça m'arrangeait sur le plan esthétique, parce que la chanson le demandait et puis parce que c'est rigolo. C'est une vieille tradition aussi. En réalité, ça n'implique pas que j'en veuille aux femmes, bien au contraire. C'est parce que c'est une vieille tradition française qui vient du Moyen Âge. »

Une rime bienvenue dans ce contexte :

Malheureus'ment elle est très bête
Et tout à fait analphabète.

La pauvre, n'aurait-elle vraiment rien pour rattraper le reste ?

Les casseuses

Il ne s'agit pas ici d'un grand moment de poésie, mais d'une fantaisie proposant une variation autour de la locution « casser les c… » Brassens avait le goût de ces chansons lestes qu'entonnent volontiers les carabins. L'écriture est, comme toujours, impeccable. Peut-on rire de tout ? Pour Georges Brassens, en chanson, sans aucun doute.

Voici quelques vers mémorables qui ne peuvent que provoquer le rire :

Énamourée, ma femme est douce,
Mes amis vous le diront tous.
[…]
Dans l'alcôve, on est bien reçus
Par la voisine du dessus.
[…]
Quand elle passe en revue les zouaves,
Ma sœur est câline et suave.

Et puis le refrain qui est aussi un grand moment :

Quand vous ne nous les caressez
Pas, chéries, vous nous les cassez.
Oubliez-les, si fair' se peut,
Qu'ell's se reposent.
Quand vous nous les dorlotez pas,
Vous nous les passez à tabac.
Oubliez-les, si fair' se peut,

Qu'ell's se reposent un peu,
Qu'ell's se reposent.

Seuls les pisse-froid restent de marbre.

La nymphomane

Voilà bien une pantalonnade d'un homme que *les joies charnelles emmerdent*... Écrire une chanson sur un tel sujet, voilà qui n'est pas banal. C'est bien l'envie d'amuser les autres et de s'amuser lui-même qui a motivé Georges Brassens. Prêtant quelque attention aux vers, on devine la jubilation de son auteur au surgissement de telles trouvailles et le plaisir éprouvé à jouer ainsi avec les mots.

Morceaux choisis :

J'ai beau demander grâce, invoquer la migraine,
Sur l'autel conjugal, implacable elle me traîne,
[...]
J'en arrive à souhaiter qu'elle se dévergonde,
Qu'elle prenne un amant ou deux qui me secondent.
[...]
Certains à coups de dents creusent leur sépulture,
Moi j'use d'un outil de tout autre nature,
[...]
Car même mort, je devrais céder à ses rites
Et mes os n'auraient pas le repos qu'ils méritent.

Les treize couplets sont de la même verve !

Misogynie à part

Le *sage* évoqué dans le premier vers n'est autre que son compatriote Paul Valéry, qui a écrit : « Il y a trois variétés de femmes : les emmerdeuses, les emmerdantes, les emmerderesses. Cette dernière catégorie comprenant celles qui amènent l'homme à la passivité totale. » Cela n'a pas manqué de frapper l'imagination de Brassens et ce n'est pas moins de trente et une fois que, dans cette chanson, il utilise différentes déclinaisons du « mot de Cambronne ». L'interprétant sur scène, il avait bien du mal à conserver son sérieux ; la connivence avec son public s'en trouvait singulièrement renforcée.

Il faut dire que bien des vers déclenchent immanquablement l'hilarité. À titre d'exemple :

Elle m'emmerde et j' regrett' mes belles amours avec
La p'tite enfant d' Mari' que m'a soufflé' l'évêque,
Ell' m'emmerde, vous dis-je.

Cette irrévérence nous rappelle que, contrairement à ce que veulent en penser certains, ces hommes d'Église sont des hommes comme les autres.

Un non moins grand moment avec ces quelques vers :

Ell' m'emmerde, ell' m'emmerde, je le répète et quand
Ell' me tape sur le ventre, elle garde ses gants,
Et ça me désoblige.
Outre que ça dénote un grand manque de tact,
Ça n' favorise pas tellement le contact,
Ell' m'emmerde, vous dis-je.

Une femme inspirée écrira-t-elle un jour : « Emmerdeur, emmerdant… » ?

Sauf le respect que je vous dois

À force de désenchantement, de déceptions, on finirait peut-être par dire, comme Brassens : *Parlez-moi d'amour et j' vous fous mon poing sur la gueule.* Cet amoureux désabusé dans la peau duquel Brassens se glisse a pourtant fait montre de patience :

Je l'attendis un soir, je l'attendis jusqu'à l'aurore,
Je l'attendis un an, pour peu je l'attendrais encore…

A-t-on déjà vu amant plus longanime ? Mais son amertume est telle qu'il s'en prend au dieu de l'amour qu'il accuse de tous les maux :

Cupidon, ce salaud, geste qui chez lui n'est pas rare,
Avait trempé sa flèche un petit peu dans le curare.

Même la marguerite, symbole de l'amour pur et innocent, a retourné sa veste ! Elle devait avoir de bien larges pétales pour y dissimuler tant de nuisibles, travers dont elle est coutumière :

Ainsi qu'il est fréquent, sous la blancheur de ses pétales,
La marguerite cachait une tarentule, un crotale,
Une vrai' vipère à la fois lubrique et visqueuse…

La rancœur est bien définitive et, comme il le fit dans *Trompe la mort*, Brassens se met en scène, trépassé :

Cet ultime discours s'exhalera de mon linceul :
Parlez-moi d'amour et j' vous fous mon poing sur la gueule,
Sauf le respect que je vous dois.

L'amour dans l'adultère

Il est vraisemblable que Georges Brassens ait lu Charles Fourier[1] et sa *Hiérarchie du cocuage*. Dans cet ouvrage publié en 1808, ce socialiste utopiste, inventeur du phalanstère, répertoriait quatre-vingts catégories de cocus… Et peut-être Brassens s'inspira-t-il de certains d'entre eux ? Du cocu sympathique pour *À l'ombre des maris*, du cocu posthume pour *La fessée*, du cocu fulminant pour *Le cocu*, du cocu préféré pour *La traîtresse*, du cocu virtuose pour *Lèche-cocu*…

Ce même Charles Fourier considérait qu'à la différence des Allemands, le caractère des Français se distinguait par l'inquiétude, l'inconstance, l'étourderie, autant de traits incompatibles avec le mariage perpétuel. Il en déduisait que les mariages étaient généralement mauvais en France et, par voie de conséquence, les Français les plus grands cocus qu'il y ait sur terre…

À l'ombre des maris

Voici un éloge appuyé des femmes adultères. Mais l'amant de celles-ci a une exigence : le mari doit lui convenir aussi ! La quadrature du triangle en quelque sorte. Le prétexte de cette chanson possède en soi un ressort

1. Voir notice biographique, page 200.

humoristique indéniable. Et Georges Brassens, encore une fois très inspiré, nous livre douze couplets, en alexandrins s'il vous plaît, aussi drôles les uns que les autres, dont voici un florilège. Déjà celui qui fixe les choses :

Il convient que le bougre ait une bonne poire
Sinon, me ravisant, je détale à grands pas,
Car je suis difficile et me refuse à boire
Dans le verr' d'un monsieur qui ne me revient pas.

Et celui qui relate son apprentissage :

Ils sont loin mes débuts où, manquant de pratique,
Sur des femmes de flic je mis mon dévolu.
Je n'étais pas encore ouvert à l'esthétique.
Cette faute de goût, je ne la commets plus.

Puis, comme tout a une fin, la femme adultère se met en quête d'un nouvel amant :

Non contente de me déplaire, elle me trompe,
Et les jours où, furieux, voulant tout mettre à bas,
Je cri' : « La coupe est pleine, il est temps que je rompe ! »
Le mari me suppli' : « Non, ne me quittez pas ! »

C'est dire si des liens indéfectibles se sont tissés entre les deux hommes qui ne peuvent envisager de se quitter :

Et je reste, et, tous deux, ensemble, on se flagorne.
Moi, je lui dis : « C'est vous mon cocu préféré. »
Il me réplique alors : « Entre toutes mes cornes,
Celles que je vous dois, mon cher, me sont sacré's. »

En guise de refrain, Brassens rappelle un avertissement biblique, en le justifiant :

Ne jetez pas la pierre à la femme adultère,
Je suis derrière…

L'expression en vigueur dans la marine (« Les femmes et les enfants d'abord ! »), Brassens la détourne à son profit, comme il le fit, mais de manière différente, dans *Supplique pour être enterré à la plage de Sète*. À la place du commandant du *Titanic* lors de son naufrage, il aurait crié : *Les femmes adultères d'abord !*

La fessée

Comique d'une situation improbable et d'autant plus burlesque qu'elle met en scène, dans la chambre mortuaire, une veuve éplorée et le vieux copain du défunt. On imagine la suite ! Mais Brassens a bien plus d'imagination et nous livre, en cinquante-quatre alexandrins, le développement de cette rencontre fortuite. Il en profite pour énoncer quelques truismes :

Si mon pauvre mari détestait le tabac,
Maintenant la fumée ne le dérange pas !
[…]
« Ça le ferait-il revenir, ajouta-t-elle,
De pousser la piété jusqu'à l'inanition ? »
[…]
« Aï' ! Vous m'avez fêlé le postérieur en deux ! »
[…]
Menteuse ! la fêlure était congénitale.

Toute la chanson est de la même veine, désopilante. Certains vers sont même inoubliables :

Bientôt par la vertu de quelques facéties,
La veuve se tenait les côtes, Dieu merci !
Ainsi que des bossus, tous deux nous rigolâmes.

Ou encore :

Quand nous eûmes vidé le deuxième magnum,
La veuve était ému', nom d'un petit bonhomm' !

Il faudrait tous les citer, mais le mieux est de réécouter Georges Brassens interpréter *La fessée.* Cela vaut… bien des antidépresseurs !

Le cocu

Personnage récurrent du théâtre français, le cocu est la plupart du temps l'objet de railleries, la cible de moqueries émanant de ceux qui, peut-être, redoutent de le devenir, à défaut d'y être déjà ! Brassens se glisse dans la peau de l'un d'entre eux et, employant la première personne du singulier, nous conduit à prendre fait et cause pour ce mari trompé. Car il ne s'agit pas d'un seul amant mais bien d'une multitude, qui vient profiter du tempérament insatiable de l'épouse. Le premier vers, en forme de litote, est clair : *Comme elle n'aime pas beaucoup la solitude…* On aura compris ! À l'instar de monsieur de Montespan qui arborait sur les portes de son carrosse des bois de cerf, *Le cocu* de Brassens *a du cerf sur la tête*. Il est aussi *la providence des écornifleurs*. Le comportement de tous ces galants le fait, à bon droit, s'interroger :

> *Souiller mon lit nuptial, est-c' que ça les empêche*
> *De garder les dehors de la civilité ?*
> […]
> *Partager sa moitié, est-c' que cela comporte*
> *Que l'on partage aussi la chère et la boisson ?*

Chaque couplet se suffit à lui-même et décrit les divers affronts que le cocu subit. Brassens n'est pas en peine pour les imaginer. C'est aussi sa manière imagée de les relater qui, en dépit de la compassion que l'on peut éprouver à l'égard de ce cocu, prête à sourire au détour de chaque vers :

Que je ne sache pas où donner de la corne
Semble bien être le cadet de ses soucis.
[...]
À l'heure du repas, mes rivaux détestables
Ont encore le toupet de lorgner ma portion !

Au final, Georges Brassens s'inscrit bien dans la tradition française qui fait rire aux dépens du cocu. Mais, reflet de sa sensibilité, il y ajoute une touche d'humanité. Ici, son humour se situe plus dans l'expression que dans les circonstances.

La traîtresse

J'en appelle à la mort, je l'attends sans frayeur,
Je n' tiens plus à la vi', je cherche un fossoyeur.

C'est par ces deux vers que débute *La traîtresse*. Comment mieux traduire le désespoir d'un homme ? Ne faut-il pas avoir atteint l'accablement le plus total pour songer à en finir ? Et la cause de tout cela ? Une traîtrise. Mais pas n'importe laquelle, non : une maîtresse qui trompe son amant en retournant dans les bras de son mari ! Le comique de situation est tout à la fois simple et très original. Beaucoup considéreront l'histoire de la femme qui, après une aventure passagère, retrouve son mari, comme banale et assez morale finalement. Pour Brassens, il en va tout autrement. Pour lui cette femme *a conduit l'adultère à son point culminant*. Et il renchérit à l'issue de chaque strophe en rapprochant à dessein, dans une allitération savoureuse, les deux mots maîtresse et traîtresse.

Se succèdent des vers délectables, parmi lesquels :

Où donc avais-j' les yeux ? Quoi donc avais-j' dedans ?

Pour pas m'être aperçu depuis un certain temps
Que, quand ell' m'embrassait, ell' semblait moins goulu'
Et faisait des enfants qui n' me ressemblaient plus.

Ou encore, modifiant ce vers de La Fontaine : *Le plus âne des trois n'est pas celui qu'on pense* (dans *Le meunier, son fils et l'âne*) :

La perfide, à voix haute, a dit à mon endroit :
« Le plus cornard des deux n'est point celui qu'on croit. »

Et pour finir :

J'ai surpris ma maîtresse, équivoque, ambigu',
En train d'intervertir l'ordre de ses cocus.

Tromper son amant avec son mari : le comble de la traîtrise !

C'était un peu leste

Cette chanson méconnue, mise en musique et créée par Joël Favreau[2], traite du thème de la veuve souffrant de solitude. Que de manière impromptue, une femme sollicite vos faveurs est sans doute un fantasme assez répandu parmi la gent masculine… Après l'avoir traitée dans *L'orage* et dans *La fessée*, Brassens explore à nouveau cette situation. Là encore, il s'agit d'une veuve récente et qui ne manque pas d'appétit. Le comique de situation est ainsi constitué. Un dernier vers identique vient ponctuer chaque strophe, sauf la dernière. Ce *C'était un peu leste* indique que la « victime » consentante, et sans doute ravie de l'aubaine, est tout de même un peu choquée… ce qui ne manque pas de sel !

---

2. Voir notice biographique, page 200.

En trois vers, le tableau est brossé :

Et quand elle eut fini de coudre le linceul
Et de faire la sieste,
La veuve a décidé de ne pas rester seule.

Mais cette fois-ci, l'aventure va vite tourner court. Dès son désir assouvi, la veuve a des velléités qui sont loin de convenir à son partenaire :

Et quand elle eut fini d' reprendre ses esprits,
Elle manifeste
La fâcheuse intention de m'avoir pour mari,
C'était un peu leste.
[…]
Et quand elle eut fini de tenir ces propos,
Tonnerre de Brest(e) !
Je la flanquai dehors avec ses oripeaux,
C'était un peu leste.

Après que la veuve s'en fut allée ailleurs trouver une consolation et que, par la magie de la chanson, cela lui fut pardonné, l'espoir resurgit :

Et quand à l'avenir ell' tomb'ra veuve encor,
Son penchant funeste,
Qu'elle vienne frapper chez moi dès la levée du corps
Sans d'mander son reste !

Lèche-cocu

Le titre de cette chanson en dit déjà long sur cette variété, jusque-là inconnue, qui vient grossir la cohorte des lèche-culs. Définitivement, l'imagination de Georges Brassens est sans bornes. Son personnage passe tant de temps avec sa victime virtuelle à le flatter, à l'enjôler, que ses velléités de le faire cocu restent lettre morte. Suivent toute une kyrielle de cocus traditionnels ou prétendus tels (un marin, un bigot, un flic, un militant, un militaire) et toutes les manières d'amadouer chacun.

Avec le bigot, *lèche-cocu* :
Communiait à grand fracas,
Retirant même en certains cas
L' pain bénit d' la bouche d'un autre.

Avec le sergent de ville, *lèche-cocu* :
En sautoir – mon Dieu, que c'est vil –
Il portait un flic en peluche.

Avec le militaire :
Il entonnait pour le charmer
« Sambre et Meuse » et tout le folklore,

Mais, hélas :
Avec les maris, il ne put
Jamais parvenir à son but :
Toucher à la fesse promise.
(D'autres aspirent à toucher la terre promise…)

Pour achever de nous faire sourire, Brassens introduit une morale à cette histoire :

Et nous, copains, cousins, voisins,
Profitant (on n'est pas des saints)
De ce que ces deux imbéciles
Se passaient rhubarbe et séné,
On s' partageait leur dulcinée
Qui se laissait faire docile.
[…]

Par surcroît, l'on couchait aussi –
La morale était sauve ainsi –
Avec sa femme légitime.

« Si le cocu est une de mes préoccupations, c'est parce que je sais que le cocu est un personnage qui, dans le théâtre français, a une très grande importance. Ce qui n'est pas le cas en Allemagne. Les cocus sont aussi nombreux en Allemagne qu'ici, mais on ne rit pas d'eux là-bas ; on les plaindrait plutôt. Tandis qu'ici, on a tendance à en rire. » *Dixit* Brassens !

L'amour sans l'amour

Georges Brassens était un observateur attentif, imprégné de son époque et au fait de l'évolution des mœurs. Ayant vécu de la charité des autres jusqu'à l'âge de trente et un ans, il avait pour le profit et l'argent un mépris résolu. Il n'ignorait rien non plus des aléas de l'amour. Rien d'étonnant à ce qu'il ait pris fait et cause pour les femmes victimes de la prostitution. Il le fait avec humanité et humour ; sa compassion à l'égard des filles de joie n'est pas feinte.

Le mauvais sujet repenti

Écrite en 1942 au camp de Basdorf où Georges Brassens avait été requis pour le STO, une première version de cette chanson s'intitulait *Souvenirs de parvenue*. Cette mouture originale, qui n'est pas sans rappeler la manière d'Aristide Bruant, était, tant sur le fond que sur la forme, nettement plus crue que la version enregistrée en 1952.

Le souteneur dans la peau duquel il se glisse nous deviendrait presque sympathique puisque c'est par pitié qu'il dispense son expérience ! Sans avoir l'air ni d'exiger ni même de réclamer, il reçoit une part du produit des passes... On irait même jusqu'à le plaindre d'hériter de la moitié des microbes. Brassens, par la bouche du maquereau, se désole que la morale publique n'existe plus puisque sa *pauvre amie* se vendrait même à des flics (encore eux!).

Quelques vers inoubliables enrichis de rimes assez antinomiques:

> *Certes, on ne se fait pas putain*
> *Comme on s' fait nonne.*
> *C'est du moins c'qu'on prêche en latin,*
> *À la Sorbonne.*
> [...]
> *Car, dans l'art de fair' le trottoir,*
> *Je le confesse,*
> *Le difficile est d' bien savoir*
> *Remuer des fesses...*
> *On n' tortill' pas son popotin*
> *D' la mêm' manière,*
> *Pour un droguiste, un sacristain,*
> *Un fonctionnaire...*

Si l'on prend les textes de Brassens au pied de la lettre, son ironie nous passe au-dessus de la tête et bien des pans de sa «petite philosophie» nous échappent.

La complainte des filles de joie

De manière plus directe que dans la chanson précédente, Brassens affiche dans celle-ci son empathie pour les filles de joie. La pertinence de son propos était telle qu'un collectif de putains lui adressa un mot de reconnaissance.

Pour mieux nous plonger dans l'atmosphère des rues chaudes et le milieu de la prostitution, le vocabulaire familier ou argotique abonde: casserole, grolle, grue, guibolle, minus, pécore. L'expression «faire le pied de grue» (cette attente d'un rendez-vous) est ici judicieusement adaptée aux femmes qui y passent une bonne partie de leur temps. Plus habilement, avec Brassens, cela devient : *Car même avec des pieds de grue.* Car une *grue* est aussi un des nombreux substantifs qui désignent les filles de joie, censées être dotées de longues jambes, par allusion aux oiseaux du même nom aux fines et interminables pattes.

Le sujet n'est pas franchement gai et le sort de ces femmes n'est que très rarement choisi. Brassens a néanmoins cette faculté de nous faire sourire par son expression et son vocabulaire, par les images générées et par les évidences mises en avant. Ainsi :

> *C'est pas tous les jours qu'elles rigolent,*
> [...]
> *C'est fatigant pour les guibolles,*
> [...]
> *C'est fou ce qu'elles usent de grolles,*
> [...]
> *Les sous, croyez pas qu'elles les volent.*
> [...]
> *Il s'en fallait de peu, mon cher,*
> *Que cette putain ne fût ta mère,*
> *Cette putain dont tu rigoles,*
> *Parole, parole,*
> *Cette putain dont tu rigoles.*

Tout est dit.

Concurrence déloyale

Georges Brassens s'apitoie à nouveau sur les filles de joie. Il stigmatise la concurrence qu'elles subissent de la part de *femmes de bonnes mœurs*... À propos de ces dernières :

De la bouche au pauvre tapin
Ell's retirent le morceau de pain,
C'est dégueulasse.

Ce n'est pas pour autant qu'il nous prive de ses traits d'esprit. Il dénonce ainsi le côté pervers de cette concurrence par un aphorisme dont il a le secret :

Le métier de femme ne nou-
rrit plus son homme.

Et cette concurrence est multiple. Qu'elle émane de ces *gamines de malheur* qui

Se livrent au détournement
De majeur et, vénalement,
Trouss'nt leur layette.

Ou bien de *rombières de qualité* qui, profitant des lanternes aux verres teintés de rouge signalant les maisons closes,

Viennent accrocher leur vison
À la lanterne.

Les punaises de sacristie se sont métamorphosées en *punaises de salon de thé*…

Résultat déplorable :

Le client peut faire son choix,
Tout à sa guise,
Et se payer beaucoup moins cher
Des collégienn's, des ménagèr's
Et des marquises.

Georges Brassens s'insurge de l'ampleur du phénomène :

Ajoutez à ça qu'aujourd'hui
La mani' de l'acte gratuit

Se développe,
Que des créatures se font cul-
buter à l'œil et sans calcul.
Ah! les salopes!

Vous, je ne sais pas; en ce qui me concerne, je ne me lasse pas de son humour.

Quatre-vingt-quinze pour cent

À partir d'une statistique non avérée (du reste, peut-être vaut-il mieux qu'elle ne le soit pas), Brassens énumère toutes les bonnes ou mauvaises raisons qui, chez la femme, génèrent l'ennui lors de l'acte sexuel. Ce qui aurait pu n'être qu'un constat sociologique se transforme, par la magie de son imagination et de son verbe, en une analyse aussi désabusée que désopilante.

Il reconnaît en préambule que *la femme, qui suscite en nous tant de passion brutale, est avant tout sentimentale.* Il affirme ensuite dans le refrain:

Quatre-vingt-quinze fois sur cent,
La femme s'emmerde en baisant.
Qu'elle le taise ou le confesse,
C'est pas tous les jours qu'on lui déride les fesses.
Les pauvres bougres convaincus
Du contraire sont des cocus.
À l'heure de l'œuvre de chair
Elle est souvent triste, peuchèr'!
S'il n'entend le cœur qui bat,
Le corps non plus ne bronche pas.

Brassens constate que, même dans des circonstances favorables, il n'y a pas d'exceptions:

Sauf quand elle aime un homme avec tendresse,
Toujours sensible alors à ses caresses,

Toujours bien disposé', toujours encline à s'émouvoir,
Ell' s'emmerd' sans s'en apercevoir.

Puis il dispense ses conseils :

Peut-être, mais si les assauts vous pèsent
De ces petits m'as-tu-vu-quand-je-baise,
Mesdam's en vous laissant manger le plaisir sur le dos,
Chantez in petto…
(refrain)

Au fil de la chanson, on rencontre deux expressions transformées :

De ceux qui font des châteaux à Cythère… (Avoir des châteaux en Espagne.)
Mesdam's en vous laissant manger le plaisir sur le dos… (Manger la laine sur le dos de quelqu'un.)

Au-delà du rire que ces vers provoquent immanquablement, il est peut-être salutaire de s'appesantir un peu sur ce qu'ils contiennent et de se souvenir que :

S'il n'entend le cœur qui bat,
Le corps non plus ne bronche pas.

Don Juan

Faut-il que cette fille ait été à ce point maltraitée par la nature pour que seul un collectionneur de conquêtes féminines s'intéresse à ses charmes des plus discrets ? L'histoire que nous conte Georges Brassens le voudrait ainsi. Il en appelle à rendre gloire à des personnages qui méritent sans conteste un respect unanime. De là à rendre gloire parallèlement à ce Don Juan… En réalité, il y a une grande ironie dans les trois derniers vers de chaque strophe. Cette opposition entre ceux qui, à juste titre, peuvent se prévaloir d'une certaine gloire et ce Don Juan, Brassens la propose par défaut. Il sous-entend par là sa compassion vis-à-vis de cette fille au physique ingrat. On peut supposer chez lui un certain mépris pour ce séducteur impénitent en lui prêtant ces propos sur lesquels on ne peut se méprendre : *Cette fille est trop vilaine, il me la faut.*

Après l'énumération de celui qui lutte pour la cause animale, du flic qui fait traverser les chats, de celui qui se détache de la foule haineuse, du curé qui ne fait pas de distinction entre ami et ennemi, du soldat qui épargne son otage, l'humour irrévérencieux reprend ses droits avec ces deux vers :

Gloire à la bonne sœur qui, par temps pas très chaud,
Dégela dans sa main le pénis du manchot !

La « gloire » se mérite et l'on assiste à la gradation des épreuves de séduction déployées par cet homme à femmes. Elles sont décrites succinctement par des périphrases qui se laissent s'apprécier :

Et gloire à ce Don Juan d'avoir osé trousser
Celle dont le jupon restait toujours baissé !
[…]
Et gloire à Don Juan qui fit reluire un soir
Ce cul déshérité ne sachant que s'asseoir !
[…]
Et gloire à Don Juan qui rendit femme celle
Qui sans lui, quelle horreur ! serait morte pucelle !

Deux autres vers se glissent subrepticement au début du dernier couplet, tout à fait à leur place dans le déroulement de cette chanson :

Gloire à qui n'ayant pas d'idéal sacro-saint
Se borne à ne pas trop emmerder ses voisins !

On peut croire qu'ils traduisent une préoccupation personnelle de Georges Brassens. Celle qu'il avait déjà exprimée dans *Pauvre Martin* :

Il creusa lui-même sa tombe
En faisant vite, en se cachant
Et s'y étendit sans rien dire
Pour ne pas déranger les gens…

Une certaine préoccupation d'autrui…

Gaillardises et paillardises

Les mêmes qui lui reprochaient sa « grossièreté » n'auraient pas manqué de fustiger Georges Brassens pour ses chansons paillardes. Mais, du fait de la censure qu'il eut à subir à ses débuts, aucune maison de disques n'aurait pris, dans les années 1950, le risque d'enregistrer de telles chansons. Ce répertoire est donc resté pour une bonne part méconnu, bien que Brassens n'ait jamais caché son goût pour les chansons de salle de garde. S'il est difficile de dater l'écriture de la plupart de ses chansons, nous savons toutefois que *Les radis* a été écrite avant 1954 et que *Le pornographe* a été enregistrée en octobre 1958. Pour ainsi dire achevée, une chanson pouvait rester dans un tiroir assez longtemps, voire pour toujours. Il est toutefois plausible qu'au fil du temps, pour se désennuyer un peu, il en ait écrit quelques autres dans ce registre.

Le pornographe

Bien qu'à ses débuts plusieurs de ses chansons furent interdites de diffusion par la censure de l'époque, Georges Brassens s'imposa très vite dans le monde du music-hall, pour ne plus le quitter. Il finit par être accepté tel qu'il était.

Le prétexte même de cette chanson nous fait sourire. Brassens nous laisse entendre qu'il est condamné à poursuivre ce qui, lors de ses premières apparitions sur scène, constituait son style et fit sa « mauvaise » réputation. Hors les gros mots, point de salut !

Afin d'amuser la gal'rie
Je crache des gauloiseries.
[...]
Craignant, si je n'en parle plus,
D' finir à l'Armée du Salut, je r'mets bientôt sur le tapis
Les fesses impies.

Humour et autodérision sont bien sûr constitutifs de ce *pornographe.* Brassens se dit contraint de continuer dans ce registre qui l'a catalogué mais qui, au demeurant, n'est pas exclusif chez lui.

Mon ang' m'a dit : « Turlututu !
Chanter l'amour t'est défendu
S'il n'éclot pas sur le destin
D'une putain. »
[...]
S'il vous plaît de chanter les fleurs,
Qu'elles poussent au moins rue Blondel
Dans un bordel.

Au passage, il faut noter que l'évocation de la rue Blondel n'est pas liée uniquement à la nécessité de la rime. Au numéro 32 de cette rue, située à deux pas de la rue Saint-Denis, existait une maison de passe nommée « Aux belles poules ».

Les deux premiers vers du refrain comportent une belle allitération particulièrement bien trouvée : pornographe/phonographe. Au final, Brassens demande l'indulgence au grand manitou *pour qui le mot n'est rien du tout.*

Cette réputation de grossièreté lui a longtemps collé à la peau. À maintes reprises, il fut interrogé à ce sujet et dut s'en expliquer, souvent avec humour : « Quand je m'exprime devant mes amis, enfin dans la vie courante, je m'exprime à peu près correctement. Quand je passe en scène, je deviens un peu grossier ! »

S'faire enculer

Cette chanson aurait figuré en bonne place sur le disque de chansons paillardes que Georges Brassens avait le projet d'enregistrer. Le titre résume assez bien le sujet. Le deuxième couplet est quant à lui tout à fait explicite :

Dans mon affreux jargon, carence inexplicable,
Brillait par son absence un des pires vocables ;
C'est : « enculé ». Lacun' comblée.

Mais précision d'importance :

La chose ne me gên' pas, mais le mot me dégoûte.

Suit une diatribe qui ne ménage pas les militantes féministes. Elles ne devraient cependant pas s'y arrêter, méditer sur l'art du second degré et écouter la chanson jusqu'à ses deux derniers couplets. Quelques morceaux choisis :

À force d'être en butt' au tir des suffragettes,
En son for intérieur chacun de nous projette
D'hélas ! aller s'faire enculer.
[...]
Quand on veut les trousser, on est un phallocrate ;
Quand on ne le veut point, un émul' de Socrate.
Reste d'aller s'faire enculer.

Et si, avant de conclure, Brassens clame que les femmes sont bien les égales des hommes, il leur adresse ce dernier clin d'œil appuyé :

En vertu d' quel pouvoir, injustes que nous sommes,
Vous refus'-t-on les droits que l'on accorde aux hommes
Comme d'aller s' faire enculer.

À bien écouter cette chanson (enregistrée par Jean Bertola, après le décès de Georges Brassens), l'on s'aperçoit qu'elle va au-delà du registre paillard dans lequel elle a été écrite.

Fernande

Voici une belle brochette d'hommes que la fonction condamne à une solitude, plus ou moins définitive : le narrateur, une sentinelle, un gardien de phare, un séminariste et, enfin, le soldat inconnu, qui, lui, risque de demeurer longtemps solitaire. Ils se succèdent pour attester que, définitivement,

La bandaison, papa,
Ça n' se commande pas.

Avec une magnifique économie de moyens, six couplets, composés de quatre octosyllabes, et un refrain inénarrable forment cette chanson d'une efficacité redoutable pour instiller de la bonne humeur.

M'est avis que longtemps encore on entendra *cette mâle ritournelle, cette antienne virile* et, qui sait, ce peut-être futur *hymne national.*

Mélanie

Les chansons de salle de garde
Ont toujours été de mon goût.

On ne peut être plus explicite. Mélanie est une bonne de curé, ce qui déjà ouvre la porte à bien des suppositions.

Georges Brassens va plus loin et nous détaille à quel emploi Mélanie destine les cierges sacrés.

Ancienne enfant d' Marie-salope
Mélanie, la bonne au curé,
Dedans ses trompes de Fallope,
S'introduit des cierges sacrés.

Nous sommes bien dans un registre paillard et, qui plus est, irrévérencieux, mais il y ajoute une dose d'humour tout à fait bienvenue, en nous précisant notamment le type de cierge dont il s'agit :

Des cierges de cire d'abeille
Plus onéreux, mais bien meilleurs.
Dame ! la qualité se paye
À Saint-Sulpice, comme ailleurs.

Et lorsque est suggéré à Mélanie d'utiliser des cierges pas encore bénits, Brassens lui prête une réplique d'une logique incontestable :

« Moi, je préfère qu'ils le soient,
Car je suis bonne catholique. »
Elle a raison, ça va de soi.

Prolixe, Brassens imagine toutes les péripéties possibles qui peuvent survenir à ces satanés cierges. Il emprunte même les convictions d'un croyant pour évoquer l'avenir de Mélanie :

Mélanie à l'heure dernière
A peu de chances d'être élue ;
Aux culs bénits de cett' manière
Aucune espèce de salut !

Un des premiers 30 cm de Georges Brassens portait en sous-titre : *Chansons PAS pour toutes les oreilles*. Ce disque comportait douze chansons, dont *Le gorille*, *Hécatombe*, *P... de toi*, *Le pornographe*, que l'on peut considérer comme bien anodines, avec le recul et en regard de *Mélanie*... Autre époque...

Les radis

Cette chanson écrite à la toute fin des années 1940, Brassens la jugeait trop longue. Est-ce la raison pour laquelle il ne l'a pas enregistrée ? Peut-être aussi a-t-il été échaudé par la censure qui avait frappé certaines de ses premières chansons, pourtant nettement moins lestes que celle-ci. Ce texte fut cependant publié en 1954 par les éditions Denoël dans le recueil *La mauvaise réputation.*

Il prend au début fait et cause pour une femme volage qui, en guise de punition, se voit infliger par son cocu de mari une sodomisation à l'aide d'un radis. Contre toute attente, elle y prend du plaisir et, par voie de conséquence, cela donne des idées aux mégères qui se réjouissaient de la punition et, au village, les radis vinrent à manquer...

C'est bien la façon dont tout cela est relaté qui mérite le détour :

Vers la pauvre martyre on vit courir les bonn's épouses
Qui, soit dit entre nous, de sa débauche étaient jalouses.
Je n'ai pas dit :
« Jalouses du radis. »

[...]

L'œil fou, l'écume aux dents, ces furies se jetèr'nt en meute
Dans les champs de radis qui devinrent des champs d'émeute.
Y'en aura-t'y
Pour toutes, des radis ?

[...]

À partir de ce jour, la bonne plante potagère
Devint dans le village une des denrées les plus chères :
Plus de radis
Pour les gagne-petit.

« J'ai horreur de ce qui est vulgaire, de ce qui est équivoque. Et je vous défie de trouver quelque chose de vulgaire ou d'équivoque dans mes chansons », déclara-t-il un jour à un journaliste.

Le petit-fils d'Œdipe

Brassens était un bon connaisseur du vaste et inégal répertoire des chansons paillardes. Parmi celles-ci, *On m'a donné cent sous* n'avait pas pu lui échapper. La logique imparable des paroles avait dû l'amuser. Il en fit une version modifiée et allongée à laquelle il donna ce nouveau titre. Faute de temps, peut-être, ou à défaut d'avoir composé une musique lui convenant, il n'enregistra pas cette chanson.

Une syntaxe robuste et un vocabulaire recherché côtoient quelques mots d'argot. Ce mélange original contraste avec cette histoire d'inceste entre grand-mère et petit-fils. Mais ce n'est là que manifestation habituelle du style de Georges Brassens. Et la drôlerie en est amplifiée :

« Où vas-tu mon garçon de cette allure fougueuse ? »,
Me lance grand-maman. « Je vais courir la gueuse. »
[…]
Il ouvrit un museau de carpe suffocante,
Quand il connut l'emploi des aut's deux francs cinquante.
[…]
Mon argumentation vous *lui coupa la chique :*
Les Français ne résistent pas à la logique.

Ce *vous*, tout à fait superflu, est un procédé d'amplification (datif éthique et explétif) qui procure à la phrase une forme familière et parodique. Le second vers de ce distique est aussi caractéristique de son auteur qui, dans nombre de ses chansons, introduisit ce genre d'aphorisme un brin ironique et bien à lui.

Le surréalisme

Certaines chansons de Georges Brassens répondent assez bien à la définition qu'André Breton donnait du surréalisme : parfois, Brassens laissait libre cours à son imagination « en l'absence de tout contrôle exercé par la raison, en dehors de toute préoccupation esthétique ou morale ». Interrogé à propos du surréalisme dans son répertoire, Brassens répondait : « J'altère toujours la vérité. [...] Je transforme la réalité. Je prends un peu à droite, un peu à gauche. Parfois, j'invente des choses qui vont se produire ! [...] Quant à dire que je suis surréaliste... Je suis un peu tout. J'ai beaucoup fréquenté les œuvres des surréalistes. »

Le bricoleur

Une seule fois dans son répertoire, Georges Brassens donne la parole à une femme et lui fait évoquer les aléas d'avoir un mari bricoleur. Quand il l'écrivit, il était sans doute à mille lieues d'imaginer que Patachou l'interpréterait un jour. Brassens lâche la bride à une imagination fantasque. Ce stakhanoviste de la bricole qu'il nous décrit n'a de cesse de planter des clous, quand il ne se livre pas à des créations improbables. Pour pallier le prix élevé de la layette, il fait à sa femme un bébé tout habillé... Son invention pour faire de l'eau avec du vin échoue et c'est de l'électricité qui coule... Mais son obsession perdure et, de peur de se le faire voler, il cache son outillage dans le lit conjugal. Ce qui entraîne la déception de l'épouse :

Et souvent, la nuit, je m'éveille,
En rêvant aux monts et merveilles
Qu'annonce un frôlement coquin,
Mais ce n'est qu'un vilebrequin !

En matière d'inspiration, Brassens ne connaît pas de limites.

Le sein de chair et le sein de bois

Non enregistrée, cette chanson figure aussi dans le recueil *La mauvaise réputation* publié en 1954 par les éditions Denoël. Il est douteux qu'elle puisse passer à la postérité, mais elle est un beau moment d'extravagance :

Après avoir fait son devoir de mère,
Gorgé de lait notre dernier blanc-bec,
Ma femme constata, surprise amère,
Qu'il avait tété la mamelle avec.

Aussi vite fabriquée que mise en place, une prothèse en bois va bientôt devenir la source de confusions :

Ivres de joie, nous ne pouvions comprendre
Qu' cett' ressemblance allait nous coûter cher,
Que nous allions bientôt pâtir de prendre
Le sein de bois pour le vrai sein de chair.
[…]
Épouvanté par la frimousse étique
Du nourrisson, j'enquête et m'aperçois
Que si le pauvre gosse est squelettique,
C'est qu'ell' lui fait téter le sein de bois.

Diverses péripéties, dont Brassens n'est pas avare, prouvent son plaisir d'écrire, son inspiration fantasque, sa totale liberté de création, son intention d'amuser.

La file indienne

Cette chanson fait songer à cette affiche publicitaire des années 1950 sur laquelle, pour vanter les peintures Ripolin, trois peintres, l'un derrière l'autre, se peignaient le dos. Dans *La file indienne*, cette succession de personnages qui se suivent est déjà, de par sa description, assez drôle en soi. Écrite à la fin des années 1940 ou au tout début des années 1950, cette chanson recèle déjà toutes les caractéristiques du style et de l'humour de Georges Brassens. Des personnages récurrents dans son répertoire s'y trouvent déjà. Très construite, elle est aussi émaillée de quelques perles :

Et l'abreuv' d'injur's bien senties
Que j' vous dirai à la sortie,
[...]
En le traitant d'une voix aigüe
De tambour-major des cocus...
[...]
C'est trop tard pour me détrousser,
Ma femme vous a devancé.
[...]
Qu'il plante à la joie du public,
À travers la carcasse du flic...

Les onze couplets sont ponctués aux troisièmes et sixièmes vers de deux phrases, toujours les mêmes, qui reviennent en guise d'antienne :

Tortillant de la croupe et claquetant de la semelle,
et
Tortillant de la croupe et redoublant le pas.

À quelques exceptions près, ces deux vers constituent une suite plausible et cocasse aux vers qui les précèdent. Belle performance d'écriture !

Le fantôme

Se laisser séduire par un fantôme du beau sexe, voilà un rêve peu commun qui intéresserait sans doute bien des psychanalystes. Brassens a-t-il lui-même fait ce rêve ou bien est-ce le pur produit de son imagination ? On ne le saura jamais et peu importe. L'essentiel réside dans la façon dont cette aventure nous est contée. Cette personnification du fantôme, on ne peut qu'y croire. Non seulement Brassens donne vie à ce fantôme, mais il lui donne également la parole. Et le dialogue qui s'instaure avec le *fantôme du beau sexe* est plein d'esprit :

« Je suis un p'tit poucet perdu »,
Me dit-ell', d'un' voix morfondu',
[...]
« Plus de trace des osselets
Dont j'avais jalonné ma route ! »
[...]
« À l'heure où le coq chantera,
J'aurai bonn' mine avec mon drap
Plein de faux plis et de coutures ! »

Une brise opportune ayant levé un coin du drap, le charme opère :

Dame, il manquait quelques oss'lets,
Mais le reste, loin d'être laid,
Était d'un' grâce singulière.

Et le fantôme joue les timides :

« Mon cher, dit-ell', vous êtes fou !
J'ai deux mille ans de plus que vous...
– Le temps, madam', que nous importe ! »

Enfin, Brassens nous met l'eau à la bouche, mais se retient de nous faire des confidences :

Ces belles dames de jadis
Sont de satané's polissonnes,
Plus expertes dans le déduit
Que certain's dames d'aujourd'hui,
Et je ne veux nommer personne !

Et le rêve s'achève : l'heure de la messe a sonné…

Le revenant

S'il est un thème emblématique de l'œuvre de Georges Brassens, c'est bien celui de la mort. Il l'a traité de bien des manières. *Le revenant* en explore un autre aspect et, toujours, de façon originale. Sous les traits d'humour percent des réflexions. La mort peut-elle se justifier ? Les trépassés ne sont-ils pas un peu vite oubliés ?

Comme il ne reconnaissait pas
Le bien-fondé de son trépas,
[…]
Chez lui s'en étant revenu,
Son chien ne l'a pas reconnu…
[…]
Quand dans l'alcôve il est entré
Embrasser sa veuve éplorée,
Il jugea d'un simple coup d'œil
Qu'elle ne portait plus le deuil.

De dépit, ce revenant succombe à nouveau. Le monde étant ce qu'il est, la réincarnation, si tant est qu'elle existe, n'est peut-être pas une sinécure…

Le nombril des femmes d'agent

Inspiré par la chanson *Carcassonne* de Gustave Nadaud, Georges Brassens écrivit d'abord une courte chanson paillarde : *Il n'a pas eu la chaude-pisse*[1]. Pour ce faire, il reprit une partie des vers de Nadaud et utilisa donc le même mètre.

Toujours avec la même structure, il écrivit plus tard *Le nombril des femmes d'agent*. À considérer le thème de cette chanson, on mesure sa force imaginative. Une fois encore, il met en scène les forces de l'ordre, mais cette fois-ci indirectement. Ces dernières, dans la tradition française, sont souvent l'objet de moqueries diverses. Au titre de celles-ci et comme il le fera plus tard dans *À l'ombre des maris*, Brassens évoque l'esthétique :

Voir le nombril d' la femm' d'un flic
N'est certain'ment pas un spectacle
Qui, du point d' vu' de l'esthétiqu',
Puiss' vous élever au pinacle…

Elle est aussi innocente qu'originale, cette obsession de voir à tout prix un nombril ; mais pas n'importe lequel : celui d'une femme de flic ! En avoir vu de toutes catégories ne suffit pas. Qui plus est, tant le père que le frère et même le fils du sujet ont vu des nombrils de gendarmes, d'inspecteurs ou de professions apparentées. Cette quête singulière atteint enfin son terme :

Quand la légitime d'un flic,
Tendant son nombril secourable,
Lui dit : « Je m'en vais mettre fin à votre pénible supplice »
[…]
Il s'engagea, tout attendri,
Sous les jupons d' sa bienfaitrice…

1. Voir l'extrait de cette chanson, page 82.

Mais il est dit que ce rêve ne s'accomplira pas, car:

La mort, la mort, la mort le prit
Sur l'abdomen de sa complice:
Il n'a jamais vu le nombril
D' la femm' d'un agent de police…

Le vœu est inattendu et la farce bien réjouissante. Mais, faire rimer jocrisse et police illustre en quelle estime Brassens tenait cette institution…

Le gorille

Ce qui débute par un simple fait divers (l'échappée d'un gorille), se poursuit en farce (les ébats du gorille) pour s'achever en dénonciation de la peine capitale. Voilà un schéma narratif peu banal et, comme il aimait à le dire, *de la propagande de contrebande*. L'humour est omniprésent dans cette chanson, par moments désopilante. Brassens s'y met en scène en notant la pudibonderie de sa mère. Il évoque des rapports zoophiles. Il escompte que de nombreuses femmes peuvent attester de la supériorité du gorille dans «l'étreinte». Il relate l'espoir d'une centenaire devant la concupiscence du gorille. Il dépeint le désenchantement d'un magistrat à se voir confondre avec une guenon. Il avoue qu'à titre personnel, il n'aurait aucune hésitation à choisir entre le juge et la vieille. Enfin, il regrette de ne pouvoir, par pudeur, en dire plus et de ne pouvoir en rire avec nous: connivence suprême! Tout cela pour parvenir à la chute qui n'incline plus du tout au rire.

En usant du sous-entendu, Georges Brassens se tient à l'écart de toute trivialité. Ce *gorille* n'en est que plus cocasse et, peut-être, plus efficace que bien des déclarations péremptoires à l'encontre de la peine de mort.

Quelques morceaux choisis :

Avec impudeur, ces commères
Lorgnaient même un endroit précis
Que, rigoureusement, ma mère
M'a défendu d'nommer ici.
[…]
Le singe, en sortant de sa cage,
Dit : « C'est aujourd'hui que j' le perds ! »
Il parlait de son pucelage,
Vous aviez deviné, j'espère !
[…]
D'autant plus vaine était leur crainte,
Que le gorille est un luron
Supérieur à l'homme dans l'étreinte,
Bien des femmes vous le diront !
[…]

On ne peut, hélas, tout citer. Tout est de la même veine.

La rumeur

Très attaché à son indépendance, à sa tranquillité, Georges Brassens vivait sa notoriété comme une contrainte, une restriction de liberté. «J'étais quand même fait pour passer inaperçu. Je n'aime pas qu'on me regarde. Je n'aime pas tellement que l'on s'intéresse à moi», disait-il en 1969. On comprend mieux son opposition totale à mettre sa vie privée sur la place publique. Alors quand une rumeur sur sa santé se répandit… cela lui fit un sujet de chanson !

Le bulletin de santé

Cette chanson est à la fois un énorme éclat de rire et une charge contre la presse à ragots. L'assaut est d'autant plus efficace que Brassens met les rieurs de son côté. Le tout en alexandrins, excusez du peu ! Dans les années 1960, on lui supposait un cancer et une certaine presse s'en faisait l'écho. Il fut soudain *lassé de servir de tête de massacre*. Et il vint s'expliquer en chanson. La source de son amaigrissement est ailleurs : *C'est que je baise, que je baise, que je baise.* Doit-il le répéter encore pour que ce soit bien compris ? Il nous dévoile de quelle façon : *Comme un bouc, un bélier, une bête, une brute.* Est-ce bien clair ?

Et, paraphrasant Mallarmé[1], il nous en indique la raison : *Je suis hanté : le rut, le rut, le rut, le rut.*

Pour bien faire sentir son agacement aux gazetiers et autres échotiers, il précise que ces conquêtes sont en bonne partie épouses de journalistes ! Qui plus est, des piles de journaux invendus tiennent lieu de couche… *Ipso facto* et bien avant la mode du tatouage sur les parties intimes, ces femmes ont les fesses imprimées des dernières nouvelles !

Les quinze quatrains de cette chanson contiennent des périphrases particulièrement imagées :

> *Systématiquement, les nécrologues jou'nt*
> *À me mettre au linceul sous des feuilles de chou.*
> […]
> *Si j'ai quitté les rangs des plus de deux cents livres,*
> […]
> *La barque pour Cythère est mise en quarantaine.*

Dans *Le bulletin de santé,* Brassens semble s'en être donné à cœur joie. Il y convie des figures de la médecine : Esculape, Hippocrate, Gallien. Pour un tel compte rendu médical, c'était bien le moins qu'il puisse faire ! Cela nous vaut aussi une rime inoubliable : crêtes de coq/gonocoqu's. Les anges, qui très souvent soupirent, ne pouvaient manquer ce rendez-vous. Quant à Vénus, présente elle aussi, personne ne lui en veut. Pour faire bonne mesure, des expressions détournées viennent ornementer le tout :

---

1. Voir le poème *L'Azur* de Stéphane Mallarmé :
> *Où finir dans la révolte inutile et perverse ?*
> *Je suis hanté. L'Azur ! l'Azur ! l'Azur ! l'Azur !*

Je leur rends les honneurs à fesses rabattu's… (À bride abattue)
Des contes à mourir debout qu'on me consacre… (Des contes à dormir debout)

Malgré ce morceau de bravoure qu'est *Le bulletin de santé,* ce type de presse perdure et prospère…

La religieuse

Six des dix strophes qui composent cette chanson commencent par *Il paraît.* Pour dénoncer les effets pervers de la rumeur, des on-dit, Georges Brassens eut cette idée, surprenante mais opportune, de mettre en scène une religieuse qui, dans sa cellule, se déshabille. Une musique solennelle habille ces cinquante alexandrins. Le dernier vers de chaque quintil débute par : *Et les enfants de chœur…* (avec une variante au cinquième : *Chez les enfants de chœur…*). Cette forme de litanie participe de la montée en puissance de la fièvre chez les jeunes servants de messe, au fur et à mesure de l'effeuillage présumé de cette religieuse.

En citant de nombreux ornements qui viennent rehausser les vêtements féminins (festons, frivolités, fanfreluches, guipures), Brassens introduit le vers qui suit immédiatement : *Enfin tout ce qu'il faut pour que le diable y soit.* Non contente de se contempler devant un miroir, cette *petite sœur* se mire, comble de la perversité supposée : *De face, de profil, et même, hélas ! de dos.* Point d'orgue de cette chanson, les vers suivants :

Il paraît que, levant au ciel un œil complice,
Ell' dit : « Bravo, Seigneur, c'est du joli travail ! »,
Puis qu'elle ajoute avec encor plus de malice :
« La cambrure des reins, ça, c'est une trouvaille ! »

De nombreuses raisons peuvent se trouver à l'origine d'une rumeur : un fantasme, une jalousie, un préjugé, un désir de vengeance, une volonté de nuire, etc. À ce sujet, Brassens ne nous dit rien. Mais il apaise nos craintes :

Tout ça, c'est des faux bruits, des ragots, des sornettes.
[…]
On ne verra jamais la corne au front du Christ,
Le veinard sur sa croix peut s'endormir en paix.

À la grande satisfaction du curé qui

Se dit avec raison que le brave Jésus
Avec sa tête, hélas ! déjà chargé' d'épines,
N'a certes pas besoin d'autre chose dessus.

En choisissant comme victime d'une rumeur ce personnage d'une religieuse, *a priori* au-dessus de tout soupçon, Brassens illustre, de manière efficace et non sans humour, les effets pervers de la rumeur.

L'andropause

Le bruit court que j'atteins l'heure de l'andropause… Encore une rumeur ! Fortuite et que seul un auteur tel que Georges Brassens pouvait imaginer. Voilà en effet un sujet rarement abordé dans une chanson (s'il le fut déjà). Celle-ci est écrite majoritairement en alexandrins, un de ses vers de prédilection. Une versification des plus classiques, une langue française irréprochable, un vocabulaire riche et leste si nécessaire avec, en prime, des images hilarantes :

Que l'une de mes deux est déjà dans la tombe
Et que l'autre à son tour file un mauvais coton.

Est-il indispensable de préciser ce dont il s'agit ? Brassens utilise aussi la réputation d'ours qui lui avait été faite à ses débuts et détourne l'expression « il ne faut pas vendre la peau de l'ours avant de l'avoir tué » pour nous livrer ceci :

Sachez que vous avez vendu les génitoires,
Révérence parler, de l'ours un peu trop tôt.

Une autre expression, « en chaque homme, il y a un cochon qui sommeille », devient :

Que le fameux cochon, le pourceau d'Épicure,
Qui sommeillait en moi ne s'éveillera plus.

Tout au long de la chanson, l'auteur développe ses arguments pour contrecarrer cette rumeur, usant parfois d'un syllogisme imparable :

Mon plus proche voisin n'aime que sa légitime,
Laquelle, épouse modèle, n'a que moi pour amant.
Or tous deux d' la vérole ils sont tombés victimes.
Si j' n'ai plus d'érections, expliquez-moi comment ?

L'entourage (*Mes copains, mon bassiste et tous ceux de la troupe…*) est aussi mis à contribution dans cette démonstration et, preuve ultime que cette rumeur est infondée :

Ces dames nuit et jour font la queue à ma porte,
Poussées par le démon de la curiosité.

Mais un accent de lucidité lui fait reconnaître que le temps viendra

Où le septième ciel – ma plus chère ballade,
Ma plus douce grimpette et plus tendre escalade –
Sera trop haut pour moi.

Alors, en mal de consolation, les anciennes conquêtes n'auront pas d'autre choix :

Elles s'en iront vous rouler dans la farine
De safran, tempérer leur fureur utérine
Avec n'importe qui.

Les traits d'esprit surgissent à chaque couplet et prouvent bien que le temps qui passe, les manifestations de l'âge, les affres de la vieillesse peuvent être abordés avec humour ; peut-être le seul remède efficace pour se consoler de l'andropause.

L'ordre établi et les forces de l'ordre

Déjà en 1954, Georges Brassens disait : « Ce ne sont pas les gendarmes, c'est l'ordre établi qui me gêne. Les gendarmes sont, comme moi, des espèces de pions qui jouent un petit rôle. » Contrairement à ce que certaines chansons laisseraient croire, il n'attaque pas l'homme mais les institutions. Il y a chez Brassens ce mélange inédit de charge impitoyable et de tendre compassion. Sa défiance vis-à-vis de toute organisation sociale se traduit souvent par des traits d'esprit d'une rare férocité. À l'inverse, la primauté de l'individu qu'il place au-dessus de tout prend parfois des accents de profonde commisération que l'humour dissimule à peine.

Le roi

Interrogé par le journaliste Jacques Vassal en 1972 à propos de cette chanson, Georges Brassens lui répondit : « En fait, *Le roi*, c'est un canular, une chanson pour les enfants. » Encore faudrait-il que les enfants aient connaissance des personnages historiques dont il est question pour apprécier *Le roi* à sa juste mesure.

Brassens notait ce qui lui passait par la tête, les émotions des uns et des autres, des phrases lues ici ou là, des réflexions qu'il se faisait, des assemblages de mots qu'il jugeait heureux ou cocasses. Tout ceci constituait un matériau brut qu'il pouvait utiliser pour écrire ses chansons. On peut donc imaginer que, pour *Le roi*, le point de départ en fut tout simplement *le roi des cons*, ce quolibet assez répandu. Et qu'à partir de cette injure, il a présumé que ce ne serait pas demain la veille qu'on allait le détrôner, ce roi. Ce en quoi il n'avait peut-être pas tout à fait tort… Le refrain, quelque peu désabusé, était né :

Il y a peu de chances qu'on
Détrône le roi des cons.

S'ensuit une kyrielle de têtes couronnées ou de potentats (le shah d'Iran, le roi de Jordanie, celui d'Abyssinie, Franco), aujourd'hui disparus hormis la reine d'Angleterre ! Pour chacune de ces personnalités, Brassens pensait que leur règne pouvait s'interrompre d'une manière ou d'une autre. L'Histoire lui a donné raison. Entité à part, la République, à son avis, n'est pas non plus à l'abri d'un renversement, car *ça s'est vu dans le passé.* Demeure une vérité immuable que l'on peut déplorer :

Il y a peu de chances qu'on
Détrône le roi des cons.

La Légion d'honneur

Quelques-uns de ses amis l'auraient bien vu à l'Académie française. Lui, pas une seconde. Un certain nombre de ses confrères se sont vus attribuer la Légion d'honneur. Imagine-t-on un instant Georges Brassens coiffé d'un bicorne, une épée au côté ou arborant la rosette au revers de sa veste ? Certes, non. Il s'est toujours satisfait de faire de « bonnes chansons ». Pour évoquer le peu de cas qu'il fait des honneurs, il brocarde la Légion d'honneur.

Quatre strophes et autant d'exemples de décoration imméritée :

Conquérir un drapeau ennemi tout en n'y voyant qu'un bout de tissu propre à renouveler sa garde-robe :

Car ça la fout mal saperlipopette
D'avoir de faux plis, des trous à ses bas,
De mettre un ruban sur la salopette.
[…]

Éteindre par inadvertance un début d'incendie en satisfaisant un besoin naturel :

On lui flanqua le Mérite, pardi !
Depuis que n'est plus vierge son revers,
Il s'interdit de marcher de travers.
[…]

Sauver une femme en train de se noyer tout en ayant tout autre chose à l'esprit :

Dame ! aussi sec[1] *on vous l'a médaillé.*
Ce petit hochet à la boutonnière
Vous le condamne à de bonnes manières.
[…]

Pour un auteur de chansons, se départir par hasard de l'usage de mots crus. Écrivant le dernier couplet, Brassens devait penser très fortement à lui-même !

Proférer « Merde », il n'en a plus le droit

---

1. Au passage, on appréciera la pertinence du choix de la locution *aussi sec*. Comme chacun sait, elle signifie de manière familière : aussitôt, immédiatement. Mais dans ce couplet, on peut prendre cette même locution au pied de la lettre : sec, donc dès qu'il ne sera plus mouillé.

Car ça la fout mal de mettre à ses lèvres
De grand commandeur des termes trop bas,
D' chanter l' grand vicaire et les trois orfèvres.
[...]

Une seule conclusion achève chaque couplet :

La Légion d'honneur, ça pardonne pas.

Une volonté de demeurer le même, de ne pas restreindre sa liberté de création en sacrifiant aux rites et en se drapant dans une pseudo-dignité...

Tant qu'il y a des Pyrénées

Alors que souvent lui fut reproché son prétendu « non-engagement », Georges Brassens résume bien son point de vue dans le refrain de cette chanson. Il le fait avec cet humour inimitable :

S'engager par le mot, trois couplets, un refrain,
Par le biais du micro,
Ça s' fait sur une jambe et ça n'engage à rien,
Et peut rapporter gros.

Il énumère les dictateurs qui ont sévi au XXe siècle et, usant d'euphémismes, le sort réservé à leurs opposants :

Mussolini :
Le Romain qui jouait à ça
Se voyait privé de pizza.

Franco :
L'hidalgo non capitulard
Qui s'avisait de dire "niet"
Mourait au son des castagnettes.

Hitler :
Qui crachait sur la croix gammée
Dans une mine était sommé
De descendre extraire du sel
Pour assaisonner les bretzels.

Staline :
Qui s'élevait contre Staline
Filait manu militari
Aux sports d'hiver en Sibérie.

Et si les Pyrénées sont évoqués dans le refrain, c'est qu'ils avaient le mérite de séparer Franco de ceux qui, de loin, le dénonçaient.

Georges Brassens a démontré que l'on pouvait rire de tout. Pierre Desproges[2] ne l'a pas contredit mais a précisé : « On peut rire de tout, mais pas avec n'importe qui. »

Hécatombe

Les quatre premiers vers suffisent pour nous représenter la scène. Celle-ci aurait pu fort bien faire l'objet d'une illustration par Albert Dubout[3]. On imagine sans peine l'illustration que cet artiste aurait faite de ces *quelques douzaines de gaillardes se crêpant un jour le chignon.*

Balbutiants en 1952, les mouvements féministes se seraient insurgés de cette image donnée des femmes en usant de ce vocabulaire dépréciatif : gaillardes, furies, mégères, grasse femelle. Mais l'outrance est un procédé comique qui convient bien à cette farce. Imaginons la

2. Voir notice biographique, page 199.
3. Voir notice biographique, page 199.

scène ; ce ne sont pas quelques marchandes d'oignons qui se disputent, mais quelques douzaines ! Il s'agit donc sans conteste d'un pugilat généralisé. L'arrivée des gendarmes suffit pour que cette énorme mêlée s'apaise et se retourne contre eux. Pour poursuivre dans la démesure, nous avons droit à *de gigantesques fesses serrées comme un étau*, puis à *des mamelles qui, sortant d'un corsage dilaté, matraquent ceux qui passent à portée…*

Les représentants de l'autorité, les gendarmes en l'occurrence, sont fustigés. Ils sont d'abord *mal inspirés*, puis traités de *guignols*, de *pandores* et de *lourdauds*. Pour faire bonne mesure, Brassens nous affirme même qu'ils sont dépourvus d'*attributs virils*. En un mot, ils en prennent pour leur grade !

Pour conclure, Brassens fait assaut de pudeur et de retenue dans son vocabulaire contrastant avec la violence de l'affirmation :

Ces furies, à peine si j'ose
Le dire, tellement c'est bas,
Leur auraient même coupé les choses.
Par bonheur, ils n'en avaient pas !

La guerre

Le premier mari de sa mère tué durant la guerre de 14-18, lui-même requis par le STO durant celle de 39-45, Georges Brassens fut très jeune confronté à cette calamité. Mais, laissons-lui la parole : « Moi, je suis antimilitariste mais je le dis, ça, avec prudence. On me le reproche d'ailleurs. Combien de gens ont dit que j'étais prudent. Ce n'est pas de la prudence. Je n'ai pas peur. On le sait très bien qui je suis quand on n'est pas trop con. »

La guerre de 14-18

Tout au long de cette chanson, l'ironie règne en maître. Non pas le ton ironique, mais bien l'ironie, cette figure de rhétorique qui implique de comprendre le contraire de ce qui est énoncé. Si cela avait été perçu, cela aurait évité à Georges Brassens tous ces malentendus et cette cabale au prétexte qu'il se serait moqué des soldats de la guerre 14-18.

Dire préférer la Première Guerre mondiale à bien d'autres, c'est considérer qu'elle fut la plus massacrante et la plus horrible (si tant est que ce soit possible) et afficher, par le biais de l'ironie, sa détestation des guerres, quelles qu'elles soient.

Il n'hésite pas à afficher son désaccord avec Homère et à distribuer prix et lots de consolation (*accessit, satisfecit*) à d'autres batailles. En dépit de toutes ses comparaisons menées tambour battant, il persiste dans sa prédilection pour la « Grande Guerre ». Et c'est à un colonel qu'il avoue sa préférence :

Moi, mon colon, cell' que j' préfère,
C'est la guerr' de quatorz'-dix-huit !

Brassens va même jusqu'à se mettre au garde-à-vous… pour féliciter les guerriers de Sparte et les grognards de Bonaparte, puis à avouer :

En attendant, je persévère
À dir' que ma guerr' favorit',
Cell', mon colon, que j' voudrais faire,
C'est la guerr' de quatorz'-dix-huit !

Il vaut mieux ne pas trop être fermé au second degré pour, derrière l'ironie, percevoir ce que nous disait Brassens. Dire « je déteste la guerre » eût été sans doute un peu court. Remonter à la nuit des temps pour mener une comparaison des boucheries et présumer qu'une autre, immanquablement, va survenir, c'est à coup sûr plus convaincant.

Les patriotes

Toutes les catégories d'invalides de guerre sont ici passées en revue : aveugles, sourds, muets, manchots, estropiés, amputés de leurs attributs virils. Les trépassés eux-mêmes ne sont pas oubliés ! Outre cette énumération assez comique bien que funeste, le ressort humoristique tient au regret qu'ils ont tous de voir leur geste guerrière interrompue. Qu'ils soient contraints, accessoirement et pour les mêmes raisons, de renoncer aux conquêtes féminines, peu leur importe.

Dans son style coutumier, fait de suggestion et d'humour, Brassens brocarde les va-t-en-guerre. Chacun des huit quatrains s'achève par une déclaration péremptoire et belliqueuse de l'invalide. À titre d'exemple :

Ce qui de nos manchots aigrit le caractère,
C'est pas d'être hors d'état d' pincer les fesses, cré nom de nom,
Mais de ne plus pouvoir faire le salut militaire.
Jamais un bras d'honneur ne sera notre geste, non !

Deux rimes tout à fait bienvenues dans ce contexte militaire : médaille/bataille et patraque/attaque.

Humour et antimilitarisme ne sont donc pas incompatibles. Cette chanson a eu moins d'écho que *La guerre de 14-18* et ne lui valut donc pas cette même volée de bois vert. Pourtant…

Le temps qui passe

Voici le thème par excellence, traité de tout temps, qui inspira bien des poètes. Le regret du temps passé, l'espoir d'un futur meilleur, la nostalgie de la jeunesse, la crainte de la vieillesse… L'écoulement du sablier ne laisse personne indifférent ; ainsi Georges Brassens : « La fuite du temps m'est sensible à chaque seconde. Je sais que chaque seconde me modifie, me bouleverse. […] L'âge, c'est comme l'histoire des générations ; moi, je n'en tiens pas compte. Je trouve que c'est des salades, ça, que l'on raconte aux gens. On ne sait pas pourquoi d'ailleurs, mais il doit y avoir une raison. »

Le temps ne fait rien à l'affaire

Quand on est con, on est con ! La roue a beau tourner, les choses demeurent en l'état. Ceux qui prenaient les vieux pour des cons deviennent à leur tour la cible de la génération suivante. Seul un *qui balance entre deux âges* peut apporter un message empreint de logique et d'expérience, à défaut d'être une consolation :

> *Le temps ne fait rien à l'affaire,*
> *Quand on est con, on est con.*

Un vocabulaire aussi varié qu'imagé vient énumérer différentes catégories de cons, tant chez les jeunes (blancs-becs, jeunots, cons débutants, cons naissants, jeunes cons, p'tits bleus, petits cons d' la dernière averse) que chez les vieux (vieux mecs, têtes chenues, grisons, vieux fourneaux, cons caducs, vieux cons des neiges d'antan, cons âgés, cons usagés, vieux cons).

S'il était couramment utilisé au quotidien, ce vocable de trois lettres ne l'était pas sur les scènes de music-hall. L'hypocrisie était battue en brèche, avec humour.

Auprès de mon arbre

Cette chanson fut enregistrée en janvier 1955, soit trois ans après ses débuts et plus de dix ans avant que Georges Brassens ne quitte définitivement l'impasse Florimont où il vivait depuis son retour d'Allemagne. S'il allait continuer d'apercevoir cet arbre depuis ce logement des plus modestes, il pressentait déjà le bouleversement qu'allaient lui causer le succès et la notoriété. Il pouvait à bon droit se réjouir que son talent fût enfin reconnu, il n'en regrettait pas moins la liberté et l'anonymat dont il était, en parallèle, dépossédé. *Auprès de mon arbre* évoque à la fois la nostalgie d'un temps révolu et la volonté de demeurer fidèle à lui-même. D'évidence, les moyens financiers dont il commençait à disposer le laissaient de marbre et ne compensaient en rien ce qu'il était en train de perdre. Le ton mélancolique de cette chanson est atténué par des images poétiques mêlées de traits d'esprit.

Le refrain ne laisse aucun doute sur l'importance de cet arbre qui, tout symbolique qu'il soit, n'en a pas moins bel et bien existé :

> [...]
> *Auprès de mon arbre,*
> *Je vivais heureux,*
> *J'aurais jamais dû le quitter des yeux...*

L'auteur culpabilise et se prévoit un avenir irrémédiablement triste :

Je suis un pauv' type,
J'aurai plus de joie :
J'ai jeté ma pipe,
Ma vieill' pipe en bois,

Quoi de plus efficace par ailleurs qu'énoncer un truisme pour exprimer la lassitude ?

Le surnom d'infâme
Me va comme un gant :
D'avecque ma femme
J'ai foutu le camp,
Parc' que, depuis tant d'anné's,
C'était pas un' sinécure
De lui voir tout l' temps le nez
Au milieu de la figure...

Mais, réflexion faite, que vaut la lassitude d'un détail en regard d'une qualité première ?

Je bats la campagne
Pour dénicher la
Nouvelle compagne
Valant celle-là,
Qui, bien sûr, laissait beaucoup
Trop de pierr's dans les lentilles,
Mais se pendait à mon cou
Quand j' perdais mes billes !

À l'instar de tout poète famélique :

J'avais un' mansarde
Pour tout logement,
Avec des lézardes
Sur le firmament,

Mais tout a une fin et Georges Brassens noircit le tableau d'un futur qu'il devine :

J'habit' plus d' mansarde,
Il peut désormais
Tomber des hall'bardes,
Je m'en bats l'œil mais,
Mais si quelqu'un monte aux cieux
Moins que moi, j'y pai' des prunes :
Y'a cent sept ans, qui dit mieux,
Qu' j'ai pas vu la lune !

Fidèle à son habitude, Brassens à la fois force le trait et distille son humour en demi-teinte. L'auditeur est prié de ne pas prendre tout cela au pied de la lettre.

Trompe la mort

Il ne faut jamais se fier aux apparences, ni aux cheveux blancs. Tous les stratagèmes sont bons pour surseoir aux échéances et tenter de repousser l'inéluctable. Car, comme le dit Brassens dans *Les lilas* : *Le temps est un barbare, dans le genre d'Attila.* En écrivant *Trompe la mort*, pensait-il à certains de ses confrères qui font leurs adieux en réunissant leur public une dernière fois ? Faisait-il une allusion plus précise à ceux qui réitèrent leurs adieux ?

Pour tromper la mort, il faut d'abord tromper le temps, l'endormir, user d'artifices et dénier qu'il fait son œuvre. Sans aller jusqu'à croire à l'éternelle jeunesse, Brassens nous dit :

C'est pas demain la veille, bon Dieu !
De mes adieux.

L'expression est toujours aussi savoureuse :

Et si j'ai l'air moins guilleret,
Moins solide sur mes jarrets,

Si je chemine avec lenteur
D'un train de sénateur,
[...]
En fait, à l'envers du décor,
Comme à vingt ans, je trotte encore.

Et sur le registre de la virilité :

Pour convaincre le temps berné
Qu' mes fêtes galantes sont terminées,
[...]
Mais je reste un sacré gaillard
Toujours actif, toujours paillard.

Enfin, suprême tromperie à l'heure de la barque fatale :

Je m'exhumerai du caveau
Pour saluer sous les bravos.

De fait, Georges Brassens ne fit jamais d'adieux. La maladie venue, il se retira sans rien dire, pour ne pas déranger les gens.

Boulevard du temps qui passe

Ce boulevard, tout le monde l'emprunte. La conscience de cet itinéraire ne vient qu'en chemin, après un certain temps. Privilège de la jeunesse, ce mépris du temps qui passe lui inspire parfois un certain dédain :

Contre les vieux, les mous, les gras,
Confinés dans leurs idées basses.

Souvent ignorante des difficultés et forte de son enthousiasme, tout semble permis à la jeunesse. En bon observateur de son temps, Brassens ne méconnaissait rien des luttes et des rivalités intergénérationnelles. Il prête aux jeunes des propos relatant leurs conquêtes :

Nous avons embrassé, goulus,
Leurs femmes qu'ils ne touchaient plus.

Mais nul n'échappe à l'écoulement du sablier, quelle que soit la dose d'humour déployée :

L'un de nous perdait ses cheveux
Et l'autre avait les tempes grises.
[…]
Alors, ralentissant le pas,
On fit la route à la papa.

Car tout va très vite et *l'été de la Saint-Martin n'est pas loin du temps des cerises.* Ce constat désenchanté, Georges Brassens le tempérait en 1976 en avouant : « Je me sers évidemment du temps qui passe, qui est un des thèmes les plus importants et les plus douloureux. » Ajoutant non sans humour : « Si je ne faisais pas de chansons, si j'étais mécanicien ou si j'étais maçon comme mon père, je ne saurais pas encore que je suis vieux. Les autres s'en seraient aperçus pour moi ! »

La ronde des jurons

Les charretiers ne sont plus ceux qu'ils furent et Brassens semble regretter ce temps béni où les jurons affichaient une diversité de bon aloi, où ce franc-parler très imaginatif n'avait pourtant rien d'ordurier. Certes, bien des jurons étaient considérés comme blasphématoires car construits sur une altération du nom de Dieu. Il nous en donne un large échantillon, car amoureux des mots, il devait goûter la sonorité de certains et l'inventivité de la plupart. Il suppose même que les Gaulois juraient *à langue raccourcie*, c'est-à-dire avec vigueur, comme l'exprime l'expression originelle « à bras raccourcis ».

Brassens évoque aussi *le vieux catéchisme poissard.* Il est loisible d'imaginer qu'il eut entre les mains *Le parfait catéchisme poissard*, dans une édition revue et corrigée par Milord l'Arsouille[1] ; cet ouvrage énumérait « les insultes et les invectives, les engueulements, les joyeux dialogues de carnaval, les chansons grivoises, etc. ».

Pas moins de trente-deux jurons différents constituent le refrain d'une chanson qui ne comporte que deux couplets.

Mais tout cela n'est que prétexte à rire et refaire vivre des jurons disparus ou largement surannés.

1. Attribué à tort à Henry de Seymour, un lord anglais qui vivait à Paris, le surnom de Milord l'Arsouille concernait en réalité un jeune et riche Parisien : Charles de La Battut (1806-1835). Ce dernier animait les nuits parisiennes à l'aube du XIXe siècle. Tout à tour adjectif ou substantif, une arsouille signifie voleur, débauché…

La déchéance

S'il s'élève contre l'indignité d'un *Tonton Nestor*, Brassens manifeste de la commisération à l'égard de ceux que la vie a desservis. Il faut croire que ses longues années de maturation qu'il a vécues dans un dénuement certain lui ont fait toucher du doigt la pauvreté, approcher les petites gens. Son sens de l'observation, ses lectures, ses réflexions, son humanité ont fait le reste. Mais l'humour, toujours lui, le tient à distance du misérabilisme.

Celui qui a mal tourné

Quand l'on touche le fond de la misère, que la faim vous tenaille, l'issue peut ne plus être très loin. Le paradoxe étant que cela peut attirer la convoitise :

> *Tous les croqu'-morts, silencieux,*
> *Me dévoraient déjà des yeux.*

Quand vivre d'expédients ne suffit plus, le recours au larcin apparaît comme seul remède à la faim. Quitte à s'en remettre à ces extrémités, autant avoir de l'ambition et viser plus haut que soi ; *un noctambule en or massif* faisant encore mieux l'affaire. Mais la vindicte populaire, celle qui crie haro sur le baudet, qui réclame vengeance et la plus sévère des peines, veille :

Machin, Chose, Un tel, Une telle,
Tous ceux du commun des mortels
Furent d'avis que j'aurais dû
En bonn' justice être pendu
À la lanterne et sur-le-champ.

Évoquant un fait divers sordide et banal, Georges Brassens en profite pour dénoncer à nouveau les jugements hâtifs, les verdicts impitoyables d'une foule qui, par nature, est perméable à la surenchère. Mais l'humour reprend le dessus par une hyperbole :

Au bout d'un siècle, on m'a jeté
À la porte de la Santé. (Peu s'en fallut qu'il n'y restât plus longtemps !)

Ou par une image : *mal à l'aise sur mes fémurs* qui vaut largement *pas très bien dans mes baskets* et qui a le mérite supplémentaire d'être intemporelle.

Ou encore par des détournements d'expressions très à propos :

Qu' je n' mettais plus de vin dans mon eau… (Mettre de l'eau dans son vin.)
Me refaire une honnêteté… (Se refaire une santé.)

Brassens va jusqu'à faire rimer *Santé* (la prison) avec *honnêteté*. Et alors que son *mauvais sujet repenti* sort de cet établissement pénitentiaire, on s'enquiert de sa santé… et il désespère un peu moins de la race humaine puisque quelqu'un lui dit : *Te revoir on n'y comptait plus…*

Cette plaidoirie pour les voleurs de pommes, Brassens s'en était expliqué : «Je n'ai jamais aimé qu'on frappe, je n'ai jamais aimé qu'on enferme, je n'ai jamais aimé qu'on bouscule, je n'ai jamais aimé qu'on insulte. »

L'épave

Brassens dresse le portrait d'un homme et prend fait et cause pour lui. Il s'insurge que l'on ne respecte plus rien, pas même les poivrots. Désormais, ils sont mis à la porte des bistrots, leurs chaussures même usées jusqu'à la corde leur sont dérobées. Ce qui nous vaut, en deux vers, une périphrase des plus imagées :

Pauvre homme ! Vu l'état piteux de mes godasses,
Je dout' qu'il trouve avec son chemin de Damas-se.

Ce monde est devenu bien singulier qui détrousse les ivrognes, aussi prévenants soient-ils. Ainsi, celui que l'on traite d'épave met en garde la femme qui convoite son pantalon :

« Pas ça, madam', pas ça, mille et un coups de bottes
Ont tant usé le fond que, si vous essayiez
D' la mettre à votr' mari, bientôt, je vous en fiche
Mon billet, il aurait du verglas sur les miches. »

Même la « petite vertu » s'offusque de la nudité de celui qui n'a plus de culotte et convoque la police. On aura tout vu :

Elle qui, chaque soir, en voyait un' douzaine,
Courut dire aux agents : « J'ai vu que'qu' chos' d'obscène ! »

Et si les flics en viennent à secourir le dernier des anarchistes, où allons-nous ?

Et depuis ce jour-là, moi, le fier, le bravache,
Moi dont le cri de guerr' fut toujours : « Mort aux vaches ! »,
Plus une seule fois je n'ai pu le brailler.

Parmi d'autres, des rimes qu'il y a lieu de goûter :
Godasses/chemin de Damas-se
Liquette/coquette (notons l'antonymie…)
Trottoir/génitoires.

La compassion de Georges Brassens va autant à la victime qu'à ses détrousseurs. Il ne nous fallait rien de moins qu'un homme aussi singulier que lui pour nous décrire un monde si singulier.

Le vin

Rien n'est anodin chez Brassens et tout semble avoir été réfléchi. Chaque couplet de cette chanson voit se succéder à huit reprises deux vers pentasyllabiques suivis d'un vers de trois syllabes. Ceci confère un rythme syncopé qui sied bien au monologue hésitant d'un buveur impénitent. Qu'elles soient de son cru ou non, les expressions qui agrémentent l'univers du vin sont nombreuses et imagées. Qu'on en juge :

Dans ma gueul' de bois
J'ai tourné sept fois
Ma langue…
[…]
On conte que j'eus
La tétée au jus
D'octobre…
[…]
Il coule en mon cœur
La chaude liqueur
D' la treille…

Quant au supplice de Tantale, voici une nouvelle version de la mythologie :

Jadis aux Enfers,
Certe', il a souffert,
Tantale,
Quand l'eau refusa
D'arroser ses a-
mygdales… (La rime est osée et n'en est que plus délicieuse !)

Le dernier couplet est une solide illustration de l'addiction à l'alcool et des rêves les plus fous que cela suscite. Le regret que jamais il ne pleuve du vin et un souhait :

Qu'ell's donnent du vin,
J'irai traire enfin
Les vaches…

Mais si l'humour est bien présent, il ne cache qu'à peine ce fond de désespérance qui surgit tout à la fin :

Que vienne le temps
Du vin coulant
Dans la Seine !
Les gens, par milliers,
Courront y noyer
Leur peine…

Pour quelqu'un qui préférait la bière au vin, voilà de sa plume une ode au vin, peut-être inspirée par Marcel Planche, l'Auvergnat de la chanson, qui ne rechignait pas à se désaltérer au-delà du nécessaire.

Tonton Nestor

Tonton Nestor, c'est le mariole de service, prématurément éméché peut-être et, sans aucun doute, quelque peu égrillard. C'est l'invité à la noce qui s'en prend à la jeune mariée. Là encore, Brassens déploie toute son imagination créatrice pour nous servir cette pantalonnade. Celle-ci se déroule à la mairie et à l'église et non en fin de repas, ce qui est plus inattendu et nettement plus drôle.

Un vocabulaire tombé en désuétude accentue le comique de situation : rustre fieffé, malappris, incontinent (sur-le-champ), méchef (mésaventure), derechef (de nouveau), enchifrené, être fessue (être avantagée de ce côté), souffleter.

Dès le premier couplet, une rime particulièrement riche est à noter :

> *Comportâtes comme un* [...]
> *Un homme du commun.*

Une locution imagée (éminence charnue) et un substantif (rotondité) mettent en lumière l'attrait ressenti pour cette partie du corps féminin. Ceci sera plus développé dans *Vénus callipyge* et clairement évoqué dans *Le pince-fesses*.

Ce *Tonton Nestor* manque singulièrement de dignité. Or, s'il est une chose que l'on peut déceler chez Georges Brassens, tant dans ses écrits que dans ses déclarations et son comportement, c'est ce souci de dignité ; par respect pour son entourage, son public, pour les autres en général.

L'ancêtre

Pour certains, la vieillesse est prétendument un naufrage. Pour l'ancêtre de cette chanson, avoir des voisins aussi complaisants est tout à fait réjouissant, n'étaient les carabins, en l'occurrence de véritables empêcheurs de mourir en rond. À cet homme en fin de vie, tout est en effet refusé par la faculté. Il est privé des plaisirs simples : ceux de la musique, de la boisson et même celui de la chair… C'est dire si sa fin de vie risque d'être bien triste. Alors que les voisins du mourant font tout pour accéder à ses derniers désirs, seuls les rites de la religion lui sont dispensés. Avec l'acuité de son regard et l'humour qui le caractérise, Georges Brassens explore à nouveau la mort, imminente cette fois. Ces derniers instants de l'ancêtre, il les aurait souhaités moins austères.

Faire rimer *ancêtre* et *Bicêtre* apparaît tout à fait pertinent quand on sait que cet établissement tint lieu d'hospice. On peut s'amuser aussi des rimes suivantes :

Pas de chants liturgiques
Pour qui aval' sa chique,
[…]
Pour offrir à l'ancêtre, en guise d'affection,
En guis' de viatique, une ultime érection.
[…]
Remplacez-nous les nonnes
Par de belles mignonnes

Paroxysme de la déception, ces trois vers :

Les belles sont restées à la porte cochère,
Et le dernier frou-frou de l'ancêtre déçu
Ce fut celui d'une robe de sœur, peuchère !

Fort de ce qui est arrivé à cet ancêtre, Brassens forme un vœu : que nos derniers instants se déroulent en musique, dans les libations et en agréable compagnie. Qui serait en désaccord ?

La religion

« Dieu finit quand même par avoir de l'importance pour tout le monde, même pour les non-croyants. » Une déclaration à la presse parmi tant d'autres sur le sujet de la religion. Sans réticence, Georges Brassens évoquait sa position ambivalente, son questionnement, ses doutes quant à cette religion catholique dans laquelle, enfant, il baignait. S'en étant assez vite détaché, il considérait néanmoins qu'elle faisait partie intégrante de notre culture et, à ce titre, s'était plongé dans la lecture des Évangiles. Belle honnêteté intellectuelle ! Ce qui lui faisait dire : «Je ne peux pas plus affirmer "Dieu existe" que "Dieu n'existe pas". Enfin, non, je ne sais pas. Je suis un pauvre type, quoi ! » Il avouait aussi son inconfort : «Je le cherche un peu. J'espère, s'il existe, qu'un de ces jours il ne va pas tarder à me faire signe parce que c'est long. »

Si, avec le temps, son anticléricalisme s'était atténué, son refus de l'hypocrisie était, lui, resté bien vivace. Pour la dénoncer, l'humour toujours et l'irrévérence sont de puissants alliés.

Le mécréant

De cette chanson, Alphonse Bonnafé, son ancien professeur de français, dira : « Du plus grave des problèmes, Brassens fait une farce. Il y réagit par le rire, qui du reste ne fait que recouvrir la rage contre ceux qui apportent des réponses toutes faites. »

Cette quête naïve d'une foi simple et rassurante se transforme vite en canular ; mais un canular qui dénonce l'intolérance et qui manque de se finir bien mal. L'humour n'y perd pas un instant ses droits. Dans une succession de vingt et un distiques se côtoient, comme souvent, références culturelles, drôlerie et réflexion plus profonde. Par l'emploi de la première personne, Brassens se met une fois de plus en scène et nous nous réjouissons d'apprendre que son voisin du dessus est un certain Blaise Pascal ! Travesti d'une soutane, ce mécréant s'attire très vite les foudres de quelques bigotes. La castration n'est pas loin. Et pour évoquer les conséquences du supplice d'Abélard, nous avons droit à ces deux vers :

Je vais grossir les rangs des muets du sérail,
Les bell's ne viendront plus se pendre à mon poitrail.

Ce mécréant doit d'être épargné à une dame de charité dont les arguments ne franchiraient plus aujourd'hui la barre du politiquement correct :

Y'a tant d'homm's aujourd'hui qu'ont un penchant pervers
À prendre obstinément Cupidon à l'envers,

Tant d'hommes dépourvus de leurs virils appas,
À ceux qu'en ont encor' ne les enlevons pas !

Quelques rimes audacieuses finissent de nous égayer :

odieux/Dieu
rotules à terre/*Pater Noster*
autobus/*morpionibus.*

Avec une idée que l'on retrouve dans *Don Juan* (*Gloire à qui n'ayant pas d'idéal sacro-saint...*), les deux derniers vers exprimment peut-être une position de Georges Brassens au sujet de la foi :

Si l'Éternel existe, en fin de compte, il voit
Qu' je m'conduis guèr' plus mal que si j'avais la foi.

L'antéchrist

Longtemps taxé d'anticléricalisme, puis plus tard objet de tentatives de récupération, Brassens voulait-il par cette chanson mettre les choses au point ou renvoyer dos à dos les uns et les autres ? Toujours est-il que les trois premiers vers écartent tout éventuel malentendu :

Je ne suis pas du tout l'antéchrist de service,
J'ai même pour Jésus et pour son sacrifice
Un brin d'admiration, soit dit sans ironie.

Peut-être sans ironie, mais toujours avec deux doigts d'humour et un brin d'irrévérence. Il comprend les croyants qui révèrent :

Ce héros qui jadis partit pour aller faire
L'alpiniste avant l'heure en haut du Golgotha,
En portant sur l'épaule une croix accablante,
En méprisant l'insulte et le remonte-pente…

Imprégné de la culture chrétienne que sa mère lui a transmise, Brassens s'en sert pour nous faire sourire. Ainsi quand il évoque la relation du Christ avec son père :

Entre son père et lui, c'était l'accord tacite,
Tu montes sur la croix et je te ressuscite !

Ou bien quand il évoque l'audience du Christ :

Il savait que, dans chaque église, il serait tête
D'affiche et qu'il aurait son portrait en vedette,

Mais, à propos du Christ qui devait sauver tous les hommes, le regard sans illusion que Georges Brassens porte sur le monde lui fait dire : *On peut considérer qu'il s'est fichu dedans.*

S'il est une chose à laquelle il croyait, c'est peut-être la nécessité du doute.

Tempête dans un bénitier

Sans le latin, sans le latin,
La messe nous emmerde.

En réalité, que la messe fût dite en latin ou non, Brassens s'en foutait. À son ami d'enfance, l'abbé Robert Barrès[1], il avait confié : « Je me suis amusé à faire cela. Pour moi, c'était une espèce de petit pamphlet, un peu comme Boileau avait écrit son *Lutrin*[2]. »

L'irrespect comme ressort comique peut rallier bien des gens. En l'occurrence, certains catholiques pratiquants, tout en refrénant un rire à leurs yeux malséant, ont dû sourire et considérer que, peut-être, il y avait un fond de vérité dans cette *Tempête dans un bénitier.* Mais cette chanson n'avait qu'un seul prétexte, celui d'amuser.

Des vers enlevés et des rimes aux rapprochements que certains peuvent juger intempestifs :

Ô très Sainte Marie mèr' de
Dieu, dites à ces putains

---

1. Propos recueillis par Jacques Vassal en 1990.
2. Poème héroï-comique dont on peut retenir notamment :
Parmi les doux plaisirs d'une paix fraternelle,
Paris voyait fleurir son antique Chapelle.
Ses chanoines vermeils et brillants de santé
S'engraissaient d'une longue et sainte oisiveté…

De moines qu'ils nous emmerdent
Sans le latin.
[…]
En renonçant à l'occulte
Faudra qu'ils fassent tintin
Sans le latin, sans le latin
Pour le denier du culte.

Et comment résister à ceux-là :

Le vin du sacré calice
Se change en eau de boudin,
Sans le latin, sans le latin,
Et ses vertus faiblissent.

À ceux qui ont tenté de déceler chez lui un message empreint de vertus chrétiennes, Brassens leur avait par avance répondu : « Je continue de considérer les religions quelles qu'elles soient, y compris certaines religions actuelles dont je ne veux pas citer le nom parce que je vais encore me faire engueuler, bref tous les dogmes, comme tout à fait nocifs. »

La mort

Ne pouvant douter de son caractère inéluctable, Brassens s'intéresse à la mort à laquelle le temps qui court nous conduit. Le ton est tour à tour ironique et humoristique. Mais cette omniprésence dans son répertoire peut se justifier plus par l'interrogation qu'elle suscite en lui que par une inquiétude. Et puis, comme il le disait: «J'y pense assez souvent, mais les poètes y ont pensé avant moi et je trouve que c'est un sujet agréable!», pour ajouter quelques années plus tard: «Bien sûr c'est triste mais, enfin, comme c'est une chose à peu près normale, c'est moins triste que la vie de chien.»

La ballade des cimetières

La perte de son anonymat a vite privé Georges Brassens de pouvoir se promener librement dans la rue et plus précisément dans les cimetières qu'il affectionnait. Il est vrai qu'ils constituent des lieux privilégiés pour méditer sur l'impermanence de toutes choses ou pour imaginer une telle chanson.

Bel exemple de *nonsense* en effet que cette *Ballade des cimetières*. Ce jeune homme *de bonne tenue* n'a qu'un désir: compléter sa collection de sépultures. À défaut de châteaux, il a des tombeaux en Espagne. Mais le Graal, pour lui, serait d'en avoir un près de chez lui, par commodité sans doute. Car outre devoir ranimer la flamme d'un soldat de sa connaissance, début novembre, il est débordé :

Le jour des morts, je cours, je vole,
Je vais infatigablement,
De nécropole en nécropole,
De pierre tombale en monument.

Toute la panoplie sémantique liée aux cimetières trouve sa place. Brassens, jamais à court d'imagination et pour montrer l'ampleur de ses possessions funéraires, lui fait dire également :

J'ai des p'tit's bosses plein les allées,
[…]
À la vill' comm' à la campagne,
Partout où l'on peut faire un trou…

On ignore ce que vient faire *le chat botté* dans cette chanson. Toujours est-il que, sous la plume de Brassens, le marquis de ce conte de Perrault s'est mué en marquise… la marquise de Carabas, dont les biens sont énumérés dans le détail pour bien illustrer la convoitise de ses héritiers : or, meubles, bijoux, bibelots, forêts, immeubles, tapis, tableaux.

Georges Brassens n'est pas enterré dans un cimetière parisien, ni dans le sable d'une plage de Sète, mais dans un des deux cimetières de sa ville natale.

Le testament

Aussi dure que soit la vie, quand il s'agit de la quitter, on peut en éprouver quelque regret. Il n'y a en réalité aucune urgence à passer de l'autre côté :

S'il faut aller au cimetière,
J' prendrai le chemin le plus long,
J' ferai la tombe buissonnière,
J' quitterai la vie à reculons.

Le ton est donné. On a beau parler de la mort, inutile d'affecter un ton compassé. Faire *la tombe buissonnière* en prenant le chemin des écoliers, voilà somme toute un projet assez gai. Et, en route, pourquoi ne pas s'enflammer une dernière fois ?

Avant d'aller conter fleurette
Aux belles âmes des damné's,
Je rêv' d'encore une amourette,
Je rêv' d'encor' m'enjuponner.

Un testament est aussi fait pour exprimer des souhaits :

Dieu veuill' que ma veuve s'alarme
En enterrant son compagnon,
Et qu' pour lui faire verser des larmes
Il n'y ait pas besoin d'oignon…

C'est aussi l'occasion d'être magnanime et large d'esprit vis-à-vis de son successeur :

Qu'il boiv' mon vin, qu'il aim' ma femme,
Qu'il fum' ma pipe et mon tabac…

Et c'est le moment ou jamais de conclure et de la mort espérer une délivrance :

J'ai quitté la vi' sans rancune,
J'aurai plus jamais mal aux dents…

Très imprégné et fin connaisseur de l'œuvre de François Villon, Georges Brassens tint à son tour à rédiger un testament. La relation particulière qu'il entretenait avec la mort fit que pour l'évoquer il employa un ton toujours assez facétieux. Une catharsis par anticipation ?

Supplique pour être enterré à la plage de Sète

Être enterré ici ou là, Brassens n'y attachait pas d'importance. Son prétendu souhait d'être enterré à la plage de Sète est néanmoins un bon prétexte à des images poétiques et à des traits d'esprit, nombreux dans cette chanson.

Lui qui disait « avoir un sens de l'inconfort tout à fait exceptionnel », l'entendre souhaiter

Que vers le sol natal mon corps soit ramené
Dans un sleeping du « Paris Méditerranée »

ne manque pas de sel !

Mais s'il est un couplet qui démontre son sens de la dérision, c'est bien celui-ci :

Mon caveau de famille, hélas ! n'est pas tout neuf.
Vulgairement parlant, il est plein comme un œuf,
Et, d'ici que quelqu'un n'en sorte,
Il risque de se faire tard et je ne peux
Dire à ces braves gens : « Poussez-vous donc un peu ! »
Place aux jeunes en quelque sorte.

Dans *À l'ombre des maris*, la consigne traditionnelle en cas de naufrage devient *les femmes adultères d'abord*… Ici, et sans doute l'évocation de Sète y est-elle pour quelque chose car, quand un bateau fait naufrage dans les parages, le capitaine s'écrie :

Sauve qui peut ! Le vin et le pastis d'abord !
Chacun sa bonbonne et courage !

Cette ambiance maritime n'est pas évoquée ici par les couleurs de la mer ou ses furies. Cette plage, que Brassens arpentait avec quelques amis *à l'âge où s'amuser tout seul ne suffit plus*, est le lieu de tous les rêves d'adolescent. C'est peut-être cette nostalgie qui suscita en lui cette image d'une plage avec une tombe à l'usage inattendu :

Les baigneuses s'en serviront de paravent
Pour changer de tenue, et les petits enfants
Diront : « Chouette ! un château de sable ! »

Mais on a beau être six pieds sous le sable, on n'en demeure pas moins homme :

Et quand, prenant ma butte en guise d'oreiller,
Une ondine viendra gentiment sommeiller
Avec moins que rien de costume,
J'en demande pardon par avance à Jésus,
Si l'ombre de ma croix s'y couche un peu dessus
Pour un petit bonheur posthume.

Par cette chanson, Brassens a souhaité donner une suite à son *Testament*, un codicille en quelque sorte.

Le fossoyeur

Accompagné par une musique au rythme lent d'une marche funèbre, ce très beau texte marque l'empathie émotionnelle de l'auteur pour le fossoyeur, en se coulant dans ce personnage. En dépit d'un sujet qui, *a priori*, n'incline pas à l'éclat de rire, Brassens distille son humour par quelques truismes :

Mais si l'on ne mourait plus,
J' crèv'rais d' faim sur mon talus…

Ce fossoyeur n'a rien à craindre. Que les gens ne meurent plus ne risque guère d'arriver. Il est des métiers à l'avenir assuré ! Mais cela peut porter sur la mine :

«Mon vieux, par moments,
T' as un' figur' d'enterr'ment...»

Trouver un tel faciès à un fossoyeur n'a rien d'étonnant. Son énoncé prêterait à sourire, mais à l'entendre, l'on devine qu'il ne s'agit pas d'un visage de circonstance. La tristesse de ce fossoyeur est bien réelle :

J' les enterre à contrecœur...

Fidèle à son habitude, Georges Brassens masque la gravité sous un sourire. Il s'approprie deux expressions qu'il transforme pour la circonstance :

À prendre la mort comme elle vient... (Prendre la vie comme elle vient)
Et plus j' lâch' la bride à mon émoi... (Lâcher la bride à quelqu'un)

Des années passées à lire, à réfléchir, à écrire, à composer, ont fait qu'une trentaine de ses chansons, aux textes très aboutis, étaient prêtes à être enregistrées quand il apparut au public début 1952. Dont celle-ci.

Les funérailles d'antan

Interrogé sur le thème de la mort, il répondait en 1973 : «J'aime bien jongler avec les corbillards, les croque-morts, les trucs comme ça, tout l'attirail macabre qui est un peu amusant.» Pour ajouter en 1974 : «J'aime bien ajouter une petite note nostalgique dans ce que j'écris.» Ces deux précisions s'appliquent parfaitement à cette chanson. Georges Brassens n'a jamais caché son engouement pour le vocabulaire lié à la mort, ce thème longtemps exploré dans ses lectures de poètes. À écouter *Les funérailles d'antan*, on pourrait le taxer de passéisme et croire qu'il regrette toute cette pompe aujourd'hui disparue. Instinctivement, il considérait plutôt que l'on avait tort de cacher la mort, d'enterrer en catimini. Mais ses trouvailles sont multiples (*les morts bouffis d'orgueil, les m'as-tu-vu dans mon joli cercueil, mourir plus haut que son cul, les héritiers marrons marchant dans le crottin*) ne traduisent-elles pas en creux une dérision des funérailles fastueuses ?

Il n'empêche, chaque couplet est spirituel. L'effet est donc garanti et d'emblée le ton est donné :

Y'a un mort à la maison, si le cœur vous en dit,
Venez l' pleurer avec nous sur le coup de midi.

Mais constatation amère sur les vivants d'aujourd'hui :

Quand ils possèdent un mort, ils le gardent pour eux.

Quel égoïsme !, semble-t-il nous dire. Il déplore aussi ces funérailles célébrées à la sauvette et, pour traduire cette précipitation, l'expression « à tombeau ouvert » devient chez lui : *à tombeau grand ouvert*… Et lorsque l'on roule trop vite, voici ce qui arrive :

Quand sur un arbre en bois dur ils se sont aplatis,
On s'aperçut qu' le mort avait fait des petits.

Et Brassens va au bout de son raisonnement qu'on pourrait lui envier :

Plutôt qu' d'avoir des obsèqu's manquant de fioritur's,
J'aim'rais mieux, tout compte fait, m' passer de sépultur',
J'aim'rais mieux mourir dans l'eau, dans le feu, n'import' où,
Et même, à la grand' rigueur, ne pas mourir du tout.

Assistant de temps à autre à des enterrements, j'avoue qu'il n'est pas rare au cours de la cérémonie que me revienne en mémoire cette chanson…

Grand-père

Toute la famille tient à honorer un tel grand-père. Que, pour une sordide histoire d'argent, les siens ne puissent lui offrir un enterrement digne de ce nom, voilà bien de quoi s'offusquer. Et Brassens s'en charge avec une virulence que tempèrent toutefois la cocasserie de certaines situations et la drôlerie de quelques expressions.

La tautologie du début du refrain, inspirée de l'expression « pas d'argent, pas de Suisses », vaut déjà le détour :

Chez l'épicier, pas d'argent, pas d'épices,
Chez la belle Suzon, pas d'argent, pas de cuisse…

Brassens modifie d'autres expressions, souvent drôles et toujours pertinentes dans leur nouvelle forme :

À bout de tous ces empêcheurs d'enterrer en rond… (Empêcheur de tourner en rond.)

A une fess' qui dit merde à l'autre… (Avoir un œil qui dit merde à l'autre.)

Le marchand nous reçut à bras fermés. (Accueillir à bras ouverts.)

Pour décrire le dénuement des proches du défunt, sans tomber dans le misérabilisme, quatre vers relatent l'acquisition d'une bière d'occasion :

Contre un pot de miel on acquit
Les quatre planches d'un mort qui
Rêvait d'offrir quelques douceurs
À une âme sœur.

Dans sa rédaction, cette transaction vaut son pesant d'or !

Et puis, comme souvent, suit un accès de fausse pudeur pour susciter l'imagination de l'auditeur et le faire rire :

Ma bott' partit, mais je m'refuse
De dir' vers quel endroit,
Ça rendrait les dames confuses
Et je n'en ai pas le droit.

Bien que gagnant largement sa vie, Georges Brassens se serait aisément contenté de pouvoir s'offrir des livres, des disques et du tabac. Il indiqua sur les ondes de Radio Canada : « Tout ce que je puisse faire contre l'argent, moi, c'est d'essayer de ne jamais écrire un mot pour ça et de gagner le moins d'argent possible. »

Oncle Archibald

Crainte, redoutée, détestée, la mort peut être considérée de bien d'autres manières. Bien plus originale est la mort que rencontre cet oncle Archibald. Sous l'aspect d'une femme de petite vertu, la mort fait de la retape à la porte du cimetière, allant jusqu'à trousser son suaire pour attirer les vivants… Encore faut-il que son charme anorexique opère, ce qui d'emblée n'est pas assuré :

Fi ! des femelles décharnées !
Vive les bell's un tantinet
Rondelettes !

Sous la parodie, l'émotion se fait jour. Comme dans *Le fantôme*, Georges Brassens non seulement met en scène, mais donne la parole aux êtres fictifs. Un dialogue s'instaure entre la mort et sa future victime. La faucheuse s'adresse à l'oncle Archibald pour, c'est un comble, lui expliquer le caractère inéluctable de leur rencontre :

Et notre hymen à tous les deux
Était prévu depuis le jour de
Ton baptême…

Parmi les quelques arguments que la mort développe pour convaincre l'oncle Archibald, celui-ci est peut-être le plus à même de le séduire :

Tu y seras hors de portée
Des chiens, des loups, des homm's et des
Imbéciles…

Au final, oncle Archibald se range à ces arguties et ce qui devait arriver arriva :

Et les voilà, bras d'ssus, bras d'ssous,
Les voilà partis je n' sais où
Fair' leurs noces…

Faut-il en déduire que la mort, n'était son caractère inévitable, ne présente pas que des inconvénients ?

Les quat'z'arts

Tant les étudiants en médecine que ceux des Beaux-Arts se distinguaient lors de leur bal annuel par des libations mémorables. Outre le bal rituel des Quat'z'arts, Georges Brassens évoque aussi, mais sans le nommer, celui des carabins, spécialistes incontestables des chansons paillardes. Pour preuve, les allusions à quelques-unes d'entre elles :

Ah ! c' qu'on s'emmerde ici ! – (*Dans un amphithéâtre.*)
Saint-Éloi bande encore ! – (*Le pou et l'araignée.*)
Et quand il y alla de ses de profundis,
L'enfant de chœur répliqua pas morpionibus. (*De profundis morpionibus.*)

Croyant assister à un enterrement simulé, le narrateur est de plus en plus déconcerté par les accents de vérité de cette farce. Les plaisanteries habituelles, les paillardises coutumières, les déguisements rituels ne sont pas au rendez-vous. Pourtant :

Les quat'z'arts avaient fait les choses comme il faut :
L'enterrement paraissait officiel. Bravo !

Le vocabulaire participe en grande partie de cette ambiance de facétie : *boîte à dominos*, *filles en tutu*, *fesses à claque*, *cordons du poêle*, *faux tibias*, *crânes de carton*.

Mais le doute s'insinue : s'agit-il d'une parodie, oui ou non ?

Car le mort se laissa jeter la terr' dessus
Sans lever le couvercle en s'écriant "Coucou !".

Et bientôt il faut se rendre à l'évidence :

J'ai compris ma méprise un petit peu plus tard,
Quand allumant ma pipe avec le faire-part,
Je m'aperçus qu' mon nom, comme celui d'un bourgeois,
Occupait sur la liste une place de choix.

La fête est finie : *Au grand bal des quat'z'arts nous n'irons plus danser.* L'âge de l'insouciance s'achève et cette farce se mue en tragédie : *Les vrais enterrements viennent de commencer.*

Un des grands talents de Georges Brassens est d'avoir su mêler si adroitement le tragique et le comique, le sérieux et la drôlerie. La chanson *Les quat'z'arts* en est un bon exemple.

Quelques inclassables

Chaque tentative de classement est arbitraire et parfois vaine. Il est bon, du reste, de ne pouvoir mettre des étiquettes sur tout. C'est le cas de trois chansons de Georges Brassens qui ne pouvaient cependant pas échapper à cette exploration sous le prisme de l'humour.

Les trompettes de la renommée

Lassé des incitations à paraître lors de manifestations publiques, à faire la promotion de ses disques, à répondre aux sollicitations d'une certaine presse. Lassé des bruits courant au sujet de son état de santé, Georges Brassens écrivit cette charge corrosive. Cependant, quelque temps plus tard, il déclara : « En fait, cette chanson, je ne l'ai pas prise tellement au sérieux. » Mais il tenait là un sujet pour lequel sa verve semble avoir été intarissable.

D'un bout à l'autre teinté d'un humour débridé et truculent, ce texte suscite un rire permanent. Tous mériteraient d'être cités, mais voici quelques vers parmi tant d'autres :

> *Dois-je pour les besoins d' la caus' publicitaire*
> *Divulguer avec qui et dans quelle position*
> *Je plonge dans le stupre et la fornication ?*
> [...]

Souffrant d'un' modesti' quasiment maladive,
Je ne fais voir mes organes procréateurs
À personne, excepté mes femm's et mes docteurs.
[...]
Qui est-c' qui veut m'laisser faire, in naturalibus,
Un p'tit peu d'alpinism' sur son mont de Vénus ?

Adepte résolu de la tolérance, Georges Brassens n'échappa cependant pas à un cliché prompt à déclencher l'hilarité. Il est vrai que l'imaginer, lui, *se déhanchant comme une demoiselle et prendre tout à coup des allures de gazelle*... Reflet d'une époque où le rire était fréquemment partagé aux dépens de minorités souvent méprisées et non sujettes si ce n'est à la compréhension, tout au moins à la tolérance. Conscient toutefois de l'évolution des mœurs, il achevait ce couplet par cet aphorisme :

Le crim' pédérastique aujourd'hui ne pai' plus.

Il faut l'avoir vu interpréter cette chanson pour mesurer le plaisir qu'il prenait à cette complicité avec le public.

Le pluriel

Le pluriel ne prône pas l'individualisme comme ce vers du refrain pourrait le faire croire : *Bande à part, sacrebleu ! c'est ma règle et j'y tiens.* Certes, Georges Brassens a toujours prôné la primauté de l'individu sur le groupe. Mais ici, il s'agit plutôt de dénoncer le comportement des groupes, souvent irraisonné et cédant à la surenchère des décibels, de la grossièreté ou de la bêtise :

Le pluriel ne vaut rien à l'homme et sitôt qu'on
Est plus de quatre on est une bande de cons.

Voilà qui est dit !

Pour ne laisser planer aucun malentendu, trois vers sont nécessaires pour énumérer différentes formes de pluriel :

Dieu ! que de processions, de monômes, de groupes,
Que de rassemblements, de cortèges divers,
Que de ligu's, que de cliqu's, que de meut's, que de troupes !

Suivent des justifications à ce rejet du groupe, exprimées avec la drôlerie dont Brassens est coutumier :

Pour embrasser la dam', s'il faut se mettre à douze,
J'aime mieux m'amuser tout seul, cré nom de nom !
[…]
Bande à part, sacrebleu ! c'est ma règle et j'y tiens.
Au faisceau des phallus on n' verra pas le mien.

Ou encore :

Pas jaloux pour un sou des morts des hécatombes,
J'espère être assez grand pour m'en aller tout seul.
[…]
Bande à part, sacrebleu ! c'est ma règle et j'y tiens.
Au faisceau des tibias on n' verra pas les miens.

La réticence de Georges Brassens vis-à-vis des groupes, des rassemblements, des cortèges divers était instinctive. Il disait « ne pas croire aux solutions collectives » tout en se jugeant « solitaire, mais solidaire ». Il estimait par ailleurs que « dès que les gens sont en bande, ils sont insupportables ». Qui ne l'a pas déjà constaté ?

Corne d'Aurochs

Le prétexte initial de cette chanson fut la déception de Georges Brassens de voir son ami d'enfance, Émile Miramont, quitter l'impasse Florimont où ils cohabitèrent quelques mois au cours de l'hiver 1947. Cette charge *ad hominem* affuble ce Corne d'Aurochs de tous les travers possibles. Cette démesure dans la critique constitue le ressort facétieux de la chanson. Prétendument doté de peu d'esprit, peu doué pour les exercices du déduit (en dépit d'entraînement sur des statues...), pleutre et, tare suprême, ayant le mauvais goût d'aller se sustenter chez un cousin, flic de son état, Corne d'Aurochs ne pouvait avoir que des funérailles nationales et, ultime outrage, une veuve qui se console.

En lieu et place des *grandes eaux de Versailles* qui, pense-t-on à tort, irriguent le cerveau de l'infortuné Corne d'Aurochs, ne coulent que celles du robinet. Après ce constat navrant sur ses capacités intellectuelles, c'est la hauteur des préoccupations de Corne d'Aurochs qui est mise en cause :

> *On aurait pu croire, en l' voyant penché sur l'onde,*
> *Qu'il se plongeait dans des méditations profondes*
> *Sur l'aspect fugitif des choses de ce monde...*
> [...]
> *C'était hélas pour s'assurer, ô gué ! ô gué !*
> *Qu' le vent n' l'avait pas décoiffé, ô gué ! ô gué !*

Puis c'est sa couardise qui est dévoilée au grand jour :

> *On a su qu'il était enfant de la patrie...*
> *Qu'il était incapable de risquer sa vie*
> *Pour cueillir un myosotis à une fille...*

Refusant la prise de médicament au prétexte qu'il était dû à un Allemand, la mort fit son œuvre (pure invention en ce qui concerne cet ami ici vilipendé) :

> *Et sa vi' n'ayant pas été originale,*
> *L'État lui fit des funérailles nationales...*

Il faut croire que l'amertume causée par ce départ était réelle pour inspirer quelques années plus tard un tel portrait au vitriol. Mais l'écrit ne reflète pas nécessairement la pensée ou la dépasse parfois en intensité. Du reste, les deux amis continuèrent de correspondre et de se voir. Et en 1965, répondant à un journaliste, Georges Brassens disait : « Je suis fidèle en amitié mais il n'y a rien d'extraordinaire, là. C'est parce que les gens que j'ai rencontrés quand j'avais quatorze ou quinze ans continuent de me convenir ; je continue de leur convenir. Mon ami Delpont de Sète, mon ami Corne d'Aurochs, je les ai connus à la maternelle. »

ANNEXES

Notices biographiques

Alphonse Bonnafé (1906-1994) – Professeur de français et de latin, Alphonse Bonnafé s'était lié avec Jean-Paul Sartre dont il devint plus tard le secrétaire particulier. Mais avant cela, muté au collège de Sète, il y enseigna le français et le latin à la classe de 3e. Résolument plus moderne que ses confrères, boxeur de haut niveau dans le cercle universitaire, il subjugua ses élèves et singulièrement l'un d'entre eux : Georges Brassens. Il leur fit découvrir la poésie dont il était passionné et décela chez son jeune élève un talent qui ne pouvait qu'éclore. Il encouragea Brassens à continuer d'écrire sans contrarier sa personnalité.

Le professeur et l'ancien élève se retrouvèrent par hasard en 1946, puis ils continuèrent de se voir de loin en loin. C'est à Alphonse Bonnafé que l'on doit la préface du n° 99 de la collection « Poètes d'aujourd'hui », publié en 1963 chez Seghers et consacré à Georges Brassens. Il ira même jusqu'à traduire des chansons en latin… À ses débuts, Brassens confia : « J'ai un ancien professeur qui m'a encouragé à écrire dès le collège. Et chaque fois que je me suis mis à faire une chanson, je me suis dit : "Est-ce que cette chanson plairait à Bonnafé ?" »

Jeanne Le Bonniec (1891-1968) – Bretonne d'origine, Jeanne Le Bonniec était couturière et vivait à Paris à deux pas de la tante de Georges Brassens chez qui ce dernier fut hébergé à partir de 1939. Après une année passée en Allemagne au titre du STO, Brassens bénéficia d'une permission. Revenu à Paris en 1943, il décida de ne pas y retourner. Cœur d'or et sensible au charme du jeune homme, Jeanne Le Bonniec le cacha et le nourrit dans sa petite maison au fond de l'impasse Florimont jusqu'à la fin de la guerre. Elle y vivait avec Marcel Planche et toute une collection de chats et chiens perdus du quartier, ainsi que divers volatiles, dont une cane devenue célèbre. Brassens continuera de vivre à cette adresse longtemps après être devenu un chanteur reconnu, jusqu'en 1966. Dotée d'une personnalité très affirmée, celle qui devait devenir *La Jeanne* de la chanson se distinguait par une jalousie qui n'avait d'égale que sa générosité.

Jean-Pierre Chabrol (1925-2001) – Natif des Cévennes, Jean-Pierre Chabrol fut dessinateur puis journaliste à *L'Humanité* où il rencontra Louis Aragon. Il fut également un conteur renouant avec la tradition orale cévenole, à laquelle il resta attaché sa vie durant. Cependant, il se consacra principalement à l'écriture d'une vingtaine d'ouvrages dont bon nombre relatent une tranche d'histoire du pays cévenol. Proche de Pierre Mac Orlan, il se lia aussi d'amitié avec Georges Brassens en dépit de leurs convictions politiques divergentes.

Pierre Cordier (1933) – De douze ans plus jeune que Brassens, Pierre Cordier est Bruxellois. Photographe et artiste plasticien, il est l'inventeur du chimigramme, qui combine la physique de la peinture et la chimie de la photographie. Ses œuvres ont été exposées en Europe et outre-Atlantique. C'est en 1952 qu'il rencontra

Georges Brassens lors de la première tournée de celui-ci en Belgique. Ils avaient l'humour et la photographie en partage et bien d'autres choses encore. C'est à Pierre Cordier que l'on doit de nombreuses photographies montrant Georges Brassens sous un jour inattendu. C'est à lui également que l'on doit l'enregistrement en privé de chansons inédites réunies plus tard dans le CD *Il n'y a d'honnête que le bonheur.*

Lise Deharme (1898-1980) – Romancière et poétesse, Lise Deharme est considérée comme une égérie du surréalisme. André Breton en fit un des personnages de son roman *Nadja.* Dans sa demeure des Landes, à Montfort-en-Chalosse, comme en son salon parisien, Lise Deharme accueillait nombre d'artistes et d'écrivains tels qu'André Breton, Paul Éluard, Philippe Soupault, Robert Desnos, Louis Aragon et Elsa Triolet, Pablo Picasso, Salvador Dali, etc. Elle fut l'auteure de plus d'une vingtaine de romans ou de recueils de poésie, dont certains illustrés par Mirò ou Leonor Fini.

Pierre Desproges (1939-1988) – Humour noir, humour grinçant, voilà les registres dans lesquels Pierre Desproges excellait. Aussi à l'aise sur scène qu'à la radio, cet humoriste, adepte du second degré et du comique par l'absurde, se distinguait par la qualité d'écriture de ses sketches. Sa causticité lui valut quelques déboires à ses débuts, mais son talent finit par triompher, notamment dans des émissions de télévision.

Albert Dubout (1905-1976) – Dessinateur de presse, caricaturiste, affichiste et illustrateur de nombreux ouvrages (Rabelais, Villon, Cervantès, Courteline, etc.), son humour s'exprimait notamment dans ses dessins de foule, de chats, de femmes particulièrement enveloppées et de petits bonshommes.

René Fallet (1927-1983) – Jeune prodige de la littérature avec *Banlieue sud-est* publié en 1947, à l'âge de dix-neuf ans. Vingt-deux autres romans suivront, sans compter les essais sur la pêche ou le vélo, la poésie, avec le recueil *Chromatiques*, et de nombreux articles dans la presse. Un papier, qu'il écrivit en 1953 dans *Le Canard enchaîné* à propos de Georges Brassens, lui valut de rencontrer ce dernier et de lier une amitié indéfectible à laquelle seule la mort mit fin. Nombre de romans de René Fallet furent portés à l'écran, dont *Boulevard de ceinture*, réalisé par René Clair sous le titre *Porte des Lilas* avec, dans le rôle de l'artiste, un certain Georges Brassens.

Joël Favreau (1939) – Guitariste brillant, auteur-compositeur-interprète lui-même, Joël Favreau a accompagné de nombreux chanteurs dont notamment Georges Moustaki, Colette Chevrot, Yves Duteil, Catherine et Maxime Le Forestier. À partir de 1966, il fut la seconde guitare pour les enregistrements des disques de Georges Brassens. Il accompagnait également celui-ci lors des émissions de télévision. Joël Favreau continue de se produire en concert, de réaliser des disques, et organise des stages de guitare.

Charles Fourier (1772-1837) – À la faveur d'un héritage, ce fils de drapier put se consacrer à l'écriture. Préoccupé d'organisation sociale, sa grande idée était qu'il fallait tenir compte des passions humaines, qu'il entreprit de classifier. Il développa un grand projet de phalanstère censé lutter contre l'individualisme. La tentative de créer le premier phalanstère se solda par un échec. Rêvant d'une communauté idéale, Charles Fourier est considéré comme l'inspirateur du mouvement coopératif et du socialisme utopiste. Outre sa *Hiérarchie du cocuage*, il publia la même année, en 1808, sa *Théorie des quatre mouvements et des destinées générales* puis, en 1829, *Le nouveau monde industriel et sociétaire.*

Joha Heiman (1911-1999) – Originaire d'Estonie mais arrivée en France en 1930, Joha Heiman habitait le même quartier que Georges Brassens. Ils s'étaient croisés dans la rue à plusieurs reprises, mais c'est à la fin des années 1940 qu'ils font véritablement connaissance. Joha, toujours en retrait, demeurera la compagne de Georges jusqu'à la fin. Sauf à Crespières, près de Paris, où Brassens eut un temps une maison, et à Lézardrieux, en Bretagne, où ils se rendaient l'été, jamais ils ne cohabitèrent. À Paris, ils se voyaient plusieurs après-midi par semaine. *Saturne*, *La non-demande en mariage*, *Je me suis fait tout petit*, voilà trois chansons qui semblent lui avoir été implicitement dédiées.

René Iskin (1921-2005) – Ouvrier à la Banque de France, René Iskin fut également requis pour le STO et c'est au camp de Basdorf en Allemagne qu'il fit la connaissance de Georges Brassens en mars 1943. Une passion commune pour la chanson les rapprocha singulièrement. Lorsque Georges confia à René qu'il écrivait lui-même des chansons, ce dernier devint le premier interprète de Brassens. Une amitié définitive était née.

Victor Laville (1921) – Natif du Grau-du-Roi, Victor Laville rencontra Georges Brassens au collège de Sète ;

ils avaient alors tous deux quatorze ans. Dessinateur de métier, il monta vite à Paris et vit de loin en loin son ami Georges. À partir de 1951, ils se retrouvèrent plus fréquemment. Avec son épouse Raymonde (l'inspiratrice de *La femme d'Hector)*, ils accueillaient Georges à leur table. Le poète famélique se lassait de courir en vain les cabarets pour tenter de convaincre un public distrait. Il se désespérait d'émerger un jour. Quand *Paris-Match* publia un article sur Patachou, Victor Laville, qui y exerçait ses talents, eut une idée. Celle de contacter cette chanteuse qui avait son propre cabaret à Montmartre. Par l'intermédiaire de son collègue Pierre Galante, rendez-vous fut pris. Un soir de janvier 1952, l'audition eut lieu au cabaret que tenait Patachou et tout arriva enfin.

Pierre Louki (1920-2006) – Horloger de métier mais passionné de théâtre, Pierre Louki vint à Paris en 1950, où il joua la comédie tout en exerçant sa profession. Il écrivit des pièces de théâtre et également quelque deux cents chansons. Ses textes seront chantés par une multitude d'interprètes. Il en interprétera lui-même un certain nombre, agrémentant ses tours de chant de courtes histoires, d'une rare drôlerie, qu'il racontait entre deux chansons. Talentueux, très pince-sans-rire mais sans doute trop discret, Pierre Louki n'eut pas le succès qu'à l'évidence il méritait. Son amitié avec Brassens s'accompagnait d'une admiration réciproque.

Émile Miramont (1922-2004) – Originaire de Touraine, c'est en 1930 qu'Émile Miramont arriva à Sète avec sa famille. C'est donc véritablement une amitié d'enfance qui le lia à Georges Brassens avec qui il cohabitera un temps à Paris. Ils partagèrent plusieurs projets de jeunesse, comme celui de créer un journal (*Le cri des gueux*) ou en encore un mouvement (le Parti préhistorique), qui ni l'un ni l'autre n'aboutiront faute de subsides. Après des débuts mouvementés, Émile Miramont fera carrière chez L'Oréal, ce qui inspirera sans doute à Georges Brassens ce vers de *La marche nuptiale* : *Des prétendus coiffeurs...* Émile Miramont demeurera celui qui inspira à Georges Brassens la chanson *Corne d'Aurochs*.

Pierre Nicolas (1920-1990) – Coïncidence étonnante, Pierre Nicolas était né dans le 14e arrondissement de Paris, dans cette petite impasse Florimont que vingt ans plus tard Georges Brassens viendra habiter. Après des études de violon, Pierre Nicolas choisit la contrebasse, instrument auquel il demeurera fidèle. Ayant intégré l'orchestre de Léo Clarens qui accompagnait Patachou, il était donc présent un certain soir de janvier 1952 quand Georges Brassens, poussé par des amis, vint au cabaret Chez Patachou présenter ses chansons à la maîtresse des lieux. À l'improviste, il accompagna Brassens ce soir-là. Contrebassiste de talent, Pierre Nicolas fut également l'accompagnateur de Barbara, Juliette Gréco, Catherine Sauvage, Jacques Brel, Francis Lemarque, Charles Trenet. Georges Brassens n'eut jamais d'autre contrebassiste que Pierre Nicolas.

Patachou (1918-2015) – Avec son mari Jean Billon, Henriette Ragon acheta d'abord une pâtisserie sur la butte Montmartre ; puis ce fut un restaurant, au sein duquel elle s'essaya à interpréter des chansons réalistes. Le succès venant, l'établissement fut transformé en cabaret et elle adopta son nom d'artiste, Patachou, en souvenir des gâteaux qu'elle vendait. Bientôt, le Tout-Paris vint l'applaudir. Sa carrière prit une dimension internationale. En janvier 1952, elle auditionna Georges Brassens qui désespérait de ne pouvoir placer les chansons qu'il écrivait. Séduite par la qualité de son répertoire, elle fut immédiatement convaincue de son prochain succès. Et c'est elle qui le persuada que lui seul était à même d'interpréter la plupart de ses chansons. Néanmoins, Patachou fut la première chanteuse professionnelle à interpréter quelques-unes d'entre elles : *Maman Papa*, *Brave Margot*, *Les amoureux des bancs publics*, *Le bricoleur*, *J'ai rendez-vous avec vous*.

À la fin des années 1970, Patachou entama avec un certain succès une carrière de comédienne.

Marcel Planche (1898-1965) – Peintre en carrosserie, Marcel Planche vivait avec Jeanne Le Bonniec. Bien que démuni, ce couple subviendra aux besoins essentiels de Georges Brassens qu'ils avaient caché de 1943 à la fin de la guerre, puis hébergé longtemps encore et bien après son apparition au public. Marcel Planche n'était pas Auvergnat, mais natif de Brie-Comte-Robert. Cette générosité a inspiré Brassens pour sa *Chanson pour l'Auvergnat*, dans laquelle deux personnages sont en réalité mêlés : Marcel Planche et un bougnat du quartier, originaire, lui, du Massif central.

Roger Toussenot (1926-1964) – Lyonnais d'origine, philosophe et critique de cinéma, Roger Toussenot s'était lié d'amitié avec le cinéaste Abel Gance. Auteur de nombreux articles et essais sur les philosophes, il ne parviendra jamais à être publié. Brassens et lui se rencontrèrent au journal *Le Monde Libertaire* et devinrent des amis très proches. Tous deux échangèrent une correspondance abondante entre 1946 et 1950. Seule une partie des lettres de Georges Brassens furent retrouvées. Elles sont très instructives sur l'état d'esprit, les préoccupations et l'évolution du futur chanteur.

André Vers (1924-2002) – D'origine auvergnate, apprenti ajusteur puis dessinateur industriel, André Vers écrivit un premier roman et adressa quelques poèmes à Jacques Prévert. Ils se rencontrèrent et ce fut le début d'un cercle d'amitiés qui lia André Vers à Jacques Prévert, Blaise Cendrars, André Hardellet, René Fallet et son frère et, immanquablement, à Georges Brassens. D'une discrétion rare, André Vers a notamment publié deux romans (*Misère du matin* et *Martel en tête*) ainsi qu'un livre de souvenirs (*C'était quand hier ?*).

Bibliographie

Ouvrages de Georges Brassens

Les couleurs vagues, autoédition 1941 (épuisé), Librio, 2010.

Des coups d'épée dans l'eau, autoédition 1942 (épuisé).

À la venvole, Albert Messein éditeur, 1942 (épuisé).

La lune écoute aux portes, autoédition 1947 (épuisé).

La tour des miracles, J.A.R. (Jeunes Auteurs Réunis), 1953 (épuisé), Stock, 1968 (épuisé), 10/18, 1973 (épuisé), Librio, 2009.

La mauvaise réputation, poèmes et chansons, Denoël, 1954 (épuisé).

Brassens, présenté par Alphonse Bonnafé, Collection « Poètes d'aujourd'hui » – n° 99, Pierre Seghers, 1963 (épuisé).

Lettres à Toussenot (1946-1950), Textuel, 2001 (épuisé).

Chansons, présentées par Alphonse Bonnafé et Lucien Rioux, Collection « Poésie et chansons », Seghers, 2002.

Œuvres complètes[1], prologue de Jacques Prévert, le cherche midi, 2007.

---

1. Les *Œuvres complètes* rassemblent toutes les chansons et tous les écrits de Brassens, y compris les ouvrages introuvables : *Des coups d'épée dans l'eau, À la venvole, La lune écoute aux portes, Les amoureux qui écrivent sur l'eau* et *Lettres à Toussenot (1946-1950).*

Les chemins qui ne mènent pas à Rome, Collection « Brassens d'abord », le cherche midi, 2008.

Journal et autres carnets inédits, Collection « Brassens d'abord », le cherche midi, 2014.

J'ai rendez-vous avec vous, intégrale des chansons (paroles et musiques), préface de François Morel, Bouquins/Robert Laffont, 2016.

Premières chansons (1942-1949), prologue de Gabriel Garcia Marquez, CD offert de 6 chansons inédites, Collection « Brassesns d'abord », le cherche midi, 2016.

Je suis une espèce de libertaire, Collection « Brassens d'abord », le cherche midi, 2019.

Autres ouvrages

Didier Antoine, *Georges Brassens, de la pudeur… Sacrebleu !*, Éditions du Cygne, 2011.

Pierre Berruer, *Brassens, la marguerite et le chrysanthème*, Les Presses de la Cité, 1981.

Jacques Charpentreau, *Georges Brassens et la poésie quotidienne de la chanson*, Éditions du Cerf, 1960 (épuisé).

Pierre Cordier, *Je me souviens de Georges*, Arthemus, 1998 (épuisé).

Pierre Cordier, *Brassens intime*, Textuel, 2011.

René Fallet, *Georges Brassens*, Denoël, 1967 (épuisé), Denoël, 1976 (édition augmentée).

René Iskin, *Dans un camp*, Éditions Didier Carpentier, 2005 (épuisé).

Victor Laville et Christian Mars, *Brassens, le mauvais sujet repenti*, l'Archipel, 2006.

Pierre Louki, *Avec Brassens*, Christian Pirot éditeur, 1999.

Émile Miramont, *Brassens*, l'Archipel, 1993.

Émile Miramont, *Brassens avant Brassens*, l'Archipel, 2001.

André Sallée, *Brassens*, Solar, 1991.

Martine Sarrazin, *Bouquets d'irrévérences*, Éditions Aster (Québec), 1992.

Jean-Paul Sermonte, *Brassens, le prince et le croquenote*, Éditions du Rocher, 1990 (épuisé).

Jean-Paul Sermonte, *Brassens au bois de son cœur*, Éditions Didier Carpentier, 2001 (épuisé).

André Sève, *Brassens, toute une vie pour la chanson*, Éditions du Centurion, 1975 (épuisé).

Jacques Vassal, *Brassens ou la chanson d'abord*, Albin Michel, 1991 (épuisé).

Jacques Vassal, *Brassens, homme libre*, Collection « Brassens d'abord », le cherche midi, 2011.

Jacques Vassal, *Brassens, le regard de Gibraltar*, Librairie Arthème Fayard/Éditions du Verbe, 2006.

André Vers, *C'était quand hier ?*, Régine Deforges, 1990.

Marc Wilmet, *Georges Brassens libertaire*, Les Éperonniers, 1991 (épuisé), Éditions Aden, 2010.

Discographie

♫ Série dite « du luthier »

(12 albums réédités en CD en 2011)

• CD 1. *La mauvaise réputation*

La mauvaise réputation
Le fossoyeur
Le gorille
Le petit cheval (Paul Fort)
Ballade des dames du temps jadis (François Villon)
Hécatombe
La chasse aux papillons
Le parapluie
La marine (Paul Fort)
Corne d'Aurochs
Il suffit de passer le pont
Comme hier ! (Paul Fort)
Maman, Papa

• CD 2. *Les amoureux des bancs publics*

Les amoureux des bancs publics
Brave Margot
Pauvre Martin
La première fille

La cane de Jeanne
Je suis un voyou
J'ai rendez-vous avec vous
Le vent
Il n'y a pas d'amour heureux (Louis Aragon)
La mauvaise herbe
Le mauvais sujet repenti
P… de toi

- **CD 3. *Chanson pour l'Auvergnat***

Chanson pour l'Auvergnat
Les sabots d'Hélène
Marinette
Une jolie fleur
La légende de la nonne (Victor Hugo)
Colombine (Paul Verlaine)
Auprès de mon arbre
Gastibelza (Victor Hugo)
Le testament
La prière (Francis Jammes)
Le nombril des femmes d'agents
Les croquants

- **CD 4. *Je me suis fait tout petit***

Je me suis fait tout petit
L'amandier
Oncle Archibald
La marche nuptiale
Les lilas
Au bois de mon cœur
Grand-père
Celui qui a mal tourné
Le vin
Philistins (Jean Richepin)

• CD 5. *Le pornographe*

Le vieux Léon
La ronde des jurons
À l'ombre du cœur de ma mie
Le pornographe
Le Père Noël et la petite fille
La femme d'Hector
Bonhomme
Les funérailles d'antan
Le cocu
Comme une sœur

• CD 6. *Le mécréant*

La maîtresse
Tonton Nestor
Le bistrot
Embrasse-les tous
La ballade des cimetières
Pénélope
L'orage
Le mécréant
Le verger du roi Louis (Théodore de Banville)
Le temps passé
La fille à cent sous

• CD 7. *Les trompettes de la renommée*

Les trompettes de la renommée
Jeanne
Dans l'eau de la claire fontaine
Je rejoindrai ma belle
La marguerite
Si le bon dieu l'avait voulu (Paul Fort)

La guerre de 14-18
Les amours d'antan
Le temps ne fait rien à l'affaire
Marquise (Pierre Corneille – Tristan Bernard)
L'assassinat
La complainte des filles de joie

• CD 8. *Les copains d'abord*

Les copains d'abord
Les quat'z'arts
Le petit joueur de flûteau
La tondue
Le vingt-deux septembre
Les deux oncles
Vénus callipyge
Le mouton de Panurge
La route aux quatre chansons
Saturne
Le grand Pan

• CD 9. *Supplique pour être enterré à la plage de Sète*

Supplique pour être enterré à la plage de Sète
Le fantôme
La fessée
Le pluriel
Les quatre bacheliers
Le bulletin de santé
La non-demande en mariage
Le grand chêne
Concurrence déloyale
L'épave
Le moyenâgeux

• CD 10. *La religieuse*

Misogynie à part
Bécassine
L'ancêtre
Rien à jeter
Les oiseaux de passage (Jean Richepin)
La religieuse
Pensées des morts (Alphonse de Lamartine)
La rose, la bouteille et la poignée de main
Sale petit bonhomme

• CD 11. *Fernande*

Fernande
Stances à un cambrioleur
La ballade des gens qui sont nés quelque part
La princesse et le croque-notes
Sauf le respect que je vous dois
Le blason
Mourir pour des idées
Quatre-vingt-quinze pour cent
Les passantes (Antoine Pol)
Le roi
À l'ombre des maris

• CD 12. *Don Juan*

Trompe la mort
Les ricochets
Tempête dans un bénitier
Boulevard du temps qui passe
Le modeste
Don Juan
Les casseuses
Cupidon s'en fout

Montélimar
Histoire de faussaire
La messe au pendu
Lèche-cocu
Les patriotes
Mélanie

♫ Coffret « Le temps ne fait rien à l'affaire »

(Intégrale Brassens de 19 CD, parue en 2015)

- **CD 1. Albums de 1952 et 1954** ***(Georges Brassens chante les chansons poétiques – et souvent gaillardes – de Georges Brassens) – (Georges Brassens interprète ses dernières compositions)***

La mauvaise réputation
Le parapluie
Le petit cheval (Paul Fort)
Le fossoyeur
Le gorille
Corne d'Aurochs
La chasse aux papillons
Hécatombe
Le vent
J'ai rendez-vous avec vous
Les amoureux des bancs publics
Ballade des dames du temps jadis (François Villon)
Comme hier ! (Paul Fort)
Pauvre Martin
Brave Margot
Il suffit de passer le pont

La cane de Jeanne
La marine (Paul Fort)
Il n'y a pas d'amour heureux (Louis Aragon)

• CD 2. Albums de 1955 et 1956 *(Georges Brassens, sa guitare et les rythmes)* – *(Georges Brassens et sa guitare)*

Les sabots d'Hélène
Chanson pour l'Auvergnat
La première fille
La prière (Francis Jammes)
Gastibelza (Victor Hugo)
La mauvaise herbe
Une jolie fleur
Je suis un voyou
Le mauvais sujet repenti
P… de toi
Je me suis fait tout petit
Auprès de mon arbre
Marinette
Le testament
Les croquants
La légende de la nonne (Victor Hugo)
Le nombril des femmes d'agents
Colombine (Paul Verlaine)

• CD 3. Albums de 1957 et 1958 *(oncle Archibald)* – *(Le pornographe)*

Oncle Archibald
L'amandier
La marche nuptiale
Au bois de mon cœur
Celui qui a mal tourné

Grand-père
Les lilas
Philistins (Jean Richepin)
Le vin
Le pornographe
Le vieux Léon
La femme d'Hector
À l'ombre du cœur de ma mie
Le cocu
La ronde des jurons
Comme une sœur
Bonhomme

• **CD 4. Albums de 1960 et 1961**
(Les funérailles d'antan)
– (Le temps ne fait rien à l'affaire)

Les funérailles d'antan
Le mécréant
Embrasse-les tous
Le Père Noël et la petite fille
Le bistrot
L'orage
Pénélope
Le verger du roi Louis (Théodore de Banville)
Le temps ne fait rien à l'affaire
Dans l'eau de la claire fontaine
La traîtresse
La ballade des cimetières
La complainte des filles de joie
Tonton Nestor
Le temps passé
La fille à cent sous

• CD 5. Albums de 1962 et 1964 ***(Les trompettes de la renommée) – (Les copains d'abord)***

Les trompettes de la renommée
Jeanne
Je rejoindrai ma belle
Marquise (Pierre Corneille – Tristan Bernard)
Les amours d'antan
La marguerite
L'assassinat
Si le bon dieu l'avait voulu (Paul Fort)
La guerre de 14-18
Les copains d'abord
Les quat'z'arts
Le petit joueur de flûteau
La tondue
Le vingt-deux septembre
Les deux oncles
Vénus callipyge
Le mouton de Panurge
La route aux quatre chansons
Saturne
Le grand Pan

• CD 6. Album de 1966 ***(Supplique pour être enterré à la plage de Sète)***

Supplique pour être enterré à la plage de Sète
Le fantôme
La fessée
Le pluriel
Les quatre bacheliers
Le bulletin de santé
La non-demande en mariage

Le grand chêne
Concurrence déloyale
L'épave
Le moyenâgeux

• CD 7. Album de 1969
(Misogynie à part)

Misogynie à part
Bécassine
L'ancêtre
Rien à jeter
Les oiseaux de passage (Jean Richepin)
La religieuse
Pensées des morts (Alphonse de Lamartine)
La rose, la bouteille et la poignée de main
Sale petit bonhomme

• CD 8. Album de 1972
(Mourir pour des idées)

Fernande
Stances à un cambrioleur
La ballade des gens qui sont nés quelque part
La princesse et le croque-notes
Sauf le respect que je vous dois
Le blason
Mourir pour des idées
Quatre-vingt-quinze pour cent
Les passantes (Antoine Pol)
Le roi
À l'ombre des maris

• CD 9. Album de 1976 *(Nouvelles chansons)*

Trompe la mort
Les ricochets
Tempête dans un bénitier
Le boulevard du temps qui passe
Le modeste
Don Juan
Les casseuses
Cupidon s'en fout
Montélimar
Histoire de faussaire
La messe au pendu
Lèche-cocu
Les patriotes
Mélanie

• CD 10. Album de 1982 *(Les dernières chansons inédites par Jean Bertola)*

Quand les cons sont braves
Méchante avec de jolis seins
Dieu, s'il existe
Le vieux Normand
Le passéiste
Ceux qui ne pensent pas comme nous
La visite
La nymphomane
Clairette et la fourmi
Entre la rue Didot et la rue de Vanves
L'andropause
Entre l'Espagne et l'Italie
La maîtresse d'école

Ce n'est pas tout d'être mon père
Le sceptique
Retouches à un roman d'amour de quatre sous
Le pêcheur

• CD 11. Album de 1985
(Le patrimoine de Georges Brassens par Jean Bertola)

L'antéchrist
Si seulement elle était jolie
Le revenant
Tant qu'il y aura des Pyrénées
Chansonnette à celle qui reste pucelle
La Légion d'honneur
S' faire enculer
Honte à qui peut chanter
Le progrès
L'orphelin
Les châteaux de sable
Jeanne Martin

• CD 12. Disque de 1976
(20 ans d'émissions avec Georges Brassens à Europe 1)

I. *Jacques Brel parle de Georges Brassens*
II. *La chanson tendre*
III. *Le général dort debout*
IV. *Vous oubliez votre cheval*
V. *Et Dieu…*
VI. *Et l'amitié…*
VII. *Et les autres…*
VIII. *Et avant…*
IX. *Et les femmes.*

X. *Tchi-tchi*
XI. *Tching Kong*
XII. *La dernière bergère*

• CD 13. Double album de 1982 *(Georges Brassens chante les chansons de sa jeunesse)*

Avoir un bon copain
On n'a pas besoin de la lune
Le bateau de pêche (André Hornez)
Ce petit chemin (Jean Nohain – Mireille)
Pour me rendre à mon bureau
À Paris dans chaque faubourg (René Clair)
J'ai connu de vous (Charles Trenet)
Le refrain des chevaux de bois
Le général dort debout
Verlaine (Paul Verlaine – Charles Trenet)
Sur mon phono
Le bleu des bleuets
Sous le kiosque à musique
Puisque vous partez en voyage (Jean Nohain – Mireille)
Y'a toujours un passage à niveau (Jean Boyer – Georges Von Parys)
Il existe encore des bergères (Jean Tranchant)
À la Varenne
La romance de la pluie
Une partie de pétanque
Boum (Charles Trenet)
Terre (Charles Trenet)
Les prénoms effacés (Jean Tranchant)
Quand un vicomte (Jean Nohain – Mireille)
Le vieux château (Jean Nohain – Mireille)
Le fiacre

Le chemin de ma belle
L'amour est passé près de vous

• CD 14. Album de 1983
(Georges Brassens chante Bruant, Colpi, Musset...)

Belleville-Ménilmontant (Aristide Bruant)
Ballade des places de Paris (Lucien Boyer)
À la place Maubert (Aristide Bruant)
À la Goutte d'Or (Aristide Bruant)
Maman, Papa
Élégie à un rat de cave
Carcassonne (Gustave Nadaud)
Le roi boiteux (Gustave Nadaud)
Jehan l'advenu (Norge)
Ballade à la lune (Alfred de Musset)
À mon frère revenant d'Italie (Alfred de Musset)
Heureux qui comme Ulysse (Henri Colpi)

• CD 15. En concert, de 1953 à 1977
(Georges Brassens sur scène)

— Villa d'Este, 21 décembre 1953

La mauvaise réputation
Le mauvais sujet repenti
Le parapluie
Hécatombe
La chasse aux papillons
Le gorille
Les amoureux des bancs publics
P... de toi
Brave Margot

— Cinéma Normandie, 21 mai 1954

Je suis un voyou

— Olympia, 1er décembre 1961

Chanson pour l'Auvergnat
Celui qui a mal tourné
Dans l'eau de la claire fontaine
La traîtresse

— Olympia, 1961

Le mécréant

— Olympia, 5 novembre 1961

Les trompettes de la renommée

— Olympia, 1er janvier 1963

Tonton Nestor

— Bobino, 1963

Saturne
Le petit joueur de flûteau

— Bobino, 1969

La rose, la bouteille et la poignée de main
Le bulletin de santé
Misogynie à part

— Bobino, 30 mars 1977

Les copains d'abord

• **CD 16. Enregistrements de 1954 à 1971** ***(Raretés et versions alternatives 1)***

— Enregistré en 1964 (version alternative)

Les copains d'abord

— Enregistré en 1964
(bande originale du film *Les Copains* d'Yves Robert)

Les copains d'abord

— Enregistré en 1970
(version comptant deux couplets supplémentaires)

Heureux qui comme Ulysse (Henri Colpi)

— Enregistré en 1971 (bande originale du film *Le drapeau noir flotte sur la marmite* de Michel Audiard)

Le drapeau noir flotte sur la marmite (instrumental)

— Enregistrés en 1957 (bande originale du film *Porte des Lilas* de René Clair)

Au bois de mon cœur
La marche nuptiale (première partie)
La marche nuptiale (seconde partie)
L'amandier
Le vin
La bonne fortune
Au bois de mon cœur (bis)

— Enregistré en 1957 (version alternative)

Le vin

— Enregistré le 15 novembre 1954 (version comptant un couplet supplémentaire)

La prière (Francis Jammes)

— Enregistré en 1954 (version 78 tours)

Pauvre Martin

— Enregistré le 17 janvier 1956 (première version)

Bonhomme

— Enregistré en 1957 (seconde version)

Bonhomme

— Enregistré en 1960 (version alternative)

Les funérailles d'antan

— Enregistré en 1960 (version alternative)

Embrasse-les tous

— Enregistré en 1960 (version alternative)

Le verger du roi Louis (Théodore de Banville)

— Enregistrés en 1959 (pour l'album *Georges Brassens, qui êtes-vous ?)*

La mauvaise réputation
La marine (Paul Fort)
Comme hier ! (Paul Fort)
Hécatombe
La cane de Jeanne
Il suffit de passer le pont

• **CD 17. Enregistrements de 1953 à 1980**
(Raretés et versions alternatives 2)

— Enregistré le 13 octobre 1953

Mon ami (Le soudard) (Jean-Claude Darnal)

— Enregistré en 1965 (pour l'émission de télévision *Chansons pour un ami* de François Chatel)

À la mémoire de Zulma (Tristan Corbière)

— Enregistré en 1965 (pour l'émission de télévision *Les chansons s'envolent* de Claude Fayard)

Belle dame (Henri Contet)

— Enregistré en 1972 (version comptant un couplet supplémentaire)

Les passantes (Antoine Pol)

— Enregistré à une date non définie (version comptant un couplet supplémentaire)

Carcassonne (Gustave Nadaud)

— Enregistré en 1955 (version solo pour l'émission de radio *Georges Brassens raconte «Jean Le Loup» de René Fallet*)

Le bricoleur

— Enregistré en 1954 (version alternative pour l'émission de radio *Les Chemins du jour*)

Les sabots d'Hélène

— Enregistré en 1954 (version alternative pour l'émission de radio *Tout peut recommencer*)

Ballade des dames du temps jadis (François Villon)

— Enregistré en 1976 (version parlée)

Fatrasie (Norge)

— Enregistré en 1961 (version parlée)

L'enterrement de Verlaine (Paul Fort)

— Enregistré en 1961 (version parlée)

Germaine Tourangelle (Paul Fort)

— Enregistré en 1961 (version parlée)

À Mireille dite Petit verglas (Paul Fort)

— Enregistré en 1961 (version parlée)

La grenouille bleue (Paul Fort)

— Enregistré en 1961 (version parlée)

Si le bon dieu l'avait voulu (Paul Fort)

— Enregistré en 1965 (version parlée pour l'émission de radio *Comme il vous plaira*)

Le bistrot

— Enregistré en 1965 (version parlée pour l'émission de radio *Comme il vous plaira*)

Pauvre Martin

— Enregistré en 1976

La visite

— Enregistré en 1970

Jean rentre au village

— Enregistré en 1976 (séance de travail rue Santos Dumont, chez Georges Brassens)

Altesse (Victor Hugo)

— Enregistré le 8 avril 1955 (version alternative)

Le petit cheval (Paul Fort)

— Enregistré en 1956

La mala reputatión (adaptation Pierre Pascal)

— Enregistré en 1956

La pata de Juana (adaptation Pierre Pascal)

— Enregistré en 1956

El testamento (adaptation Pierre Pascal)

— Enregistré en 1980 (séance pour le double album *Georges Brassens chante les chansons de sa jeunesse*)

En quittant la ville, j'entends (Charles Trenet)

— Enregistré en 1980 (séance pour le double album *Georges Brassens chante les chansons de sa jeunesse*)

Adieu Venise provençale (Henri Alibert & René Sanville – Vincent Scotto)

— Enregistré en 1980 (séance pour le double album *Georges Brassens chante les chansons de sa jeunesse*)

Ça s'est passé un dimanche (Jean Boyer – Georges Van Parys)

— Enregistré en 1980 (séance pour le double album *Georges Brassens chante les chansons de sa jeunesse*)

Mimile (Jean Boyer – Georges Van Parys)

— Enregistré en 1979 (en duo avec Tino Rossi pour l'émission de télévision *Joyeux Noël, Tino !* de Roger Pradines)

Venise et Bretagne

— Enregistré en 1977 (en duo avec Tino Rossi pour l'émission de télévision *Numéro 1 à Tino Rossi* de Marion Sarraut)

Santa Lucia (traditionnel)

- **CD 18. Version de 2011, remasterisée avec Joël Favreau à la deuxième guitare *(Supplique pour être enterré à la plage de Sète)***

Supplique pour être enterré à la plage de Sète
Le fantôme
La fessée
Le pluriel
Les quatre bacheliers
Le bulletin de santé
La non-demande en mariage
Le grand chêne
Concurrence déloyale
L'épave
Le moyenâgeux

— **Bonus :**

Corne d'aurochs
Le petit joueur de flûteau
Les quat'z'arts
Pénélope
Le vieux Léon
Les lilas

• CD 19. Compilation de 2011 *(Bonus, documents)*

— Enregistré en 1952 à Bruxelles
(extrait de l'album *Il n'y a d'honnête que le bonheur*)
La file indienne

— Enregistré en 1952 à Bruxelles
(extrait de l'album *Il n'y a d'honnête que le bonheur*)
Il n'y a d'honnête que le bonheur

— Enregistrement privé non daté (version de travail)
Le chapeau de Mireille

— Enregistrement privé non daté (version de travail)
Entre la rue Didot et la rue de Vanves

— Enregistrement privé non daté (version de travail)
Sur la mort d'une cousine de sept ans (Hégésippe Moreau)

— Enregistré en 1969
(extrait de l'émission de radio *Campus*)
Révérence parler (version chantée)

— Enregistré en 1969
(extrait de l'émission de radio *Campus*)
Révérence parler (version parlée)

— Enregistré en 1969 à Bobino
(extrait de l'émission de radio *Le Rideau rouge* diffusée le 12 septembre 1970)

Révérence parler

— Enregistrement privé non daté (version de travail)

Les voisins

♫ Georges Brassens / «Inédits»

(Archives 1958-1980 / 1 CD paru en 2001)

— Enregistrés le 21 décembre 1953 à la Villa d'Este

La mauvaise réputation
Le mauvais sujet repenti
Le parapluie
Hécatombe
La chasse aux papillons
Le gorille
Les amoureux des bancs publics
P… de toi
Brave Margot

— Enregistré en décembre 1962

Je suis swing (André Hornez – Johnny Hess)

— Enregistrés en 1966 (pour l'émission de télévision *La la la* de Janine Guyon)

Le grand café
Tout est au duc (en duo avec Charles Trenet)
Le petit oiseau (en duo avec Charles Trenet)
Vous êtes jolie (en duo avec Charles Trenet)

— Enregistré en 1970

Jean rentre au village

— Enregistrés en 1972 (séance de travail rue Santos Dumont, chez Georges Brassens)

Les passantes (première version)
Les passantes (seconde version)

— Enregistré à une date non déterminée (pour l'émission de télévision *Le Cabaret de l'Histoire* de Guy Breton)

Tu t'en iras les pieds devant (Maurice Boukay)

— Enregistrés en 1980 (séances pour le double album *Georges Brassens chante les chansons de sa jeunesse*)

En quittant la ville, j'entends (Charles Trenet)
Adieu Venise provençale
(Henri Alibert & René Sanville – Vincent Scotto)
Ça s'est passé un dimanche
(Jean Boyer – Georges Van Parys)
Mimile (Jean Boyer – Georges Van Parys)

— Enregistré en 1976 (séance de travail rue Santos Dumont, chez Georges Brassens)

Altesse (Victor Hugo)

♫ Georges Brassens «Il n'y a d'honnête que le bonheur»

(Les débuts de Brassens, en privé / 1 CD paru en 2001)

— Enregistrés par Pierre Cordier (1952-1955)

Brave Margot
La file indienne
Répétition
Le gorille

Les croque-morts améliorés
Le bricoleur
Les amoureux des bancs publics
Il n'y a d'honnête que le bonheur
Le nombril des femmes d'agents
Les radis
Gastibelza
La valse des gros culs
Viens (Charles Aznavour – Gilbert Bécaud)
Pastiche de «Les croix» (Louis Amade – Gilbert Bécaud)
Quand tu danses (Frank Gérald & Pierre Delanoë – Gilbert Bécaud)
Leçon de chant à Püpchen :
• Ich bin von Kopf bis Fuss (Friedrich Hollander)
• La chasse aux papillons
J'étais le maquereau
Mon père me donne cent sous
Dans la ville de Mézières
Belleville-Ménilmontant (Aristide Bruant)

Index des chansons citées

Table des matières

III. L'HOMME QUI RIT, QUI ÉCRIT ET QUI CHANTE

IV. ANNEXES

Cet ouvrage a été achevé d'imprimer sur Roto-Page
par l'Imprimerie Floch à Mayenne en octobre 2020
N° d'édition : 6435 – N° d'impression : 96963
Imprimé en France